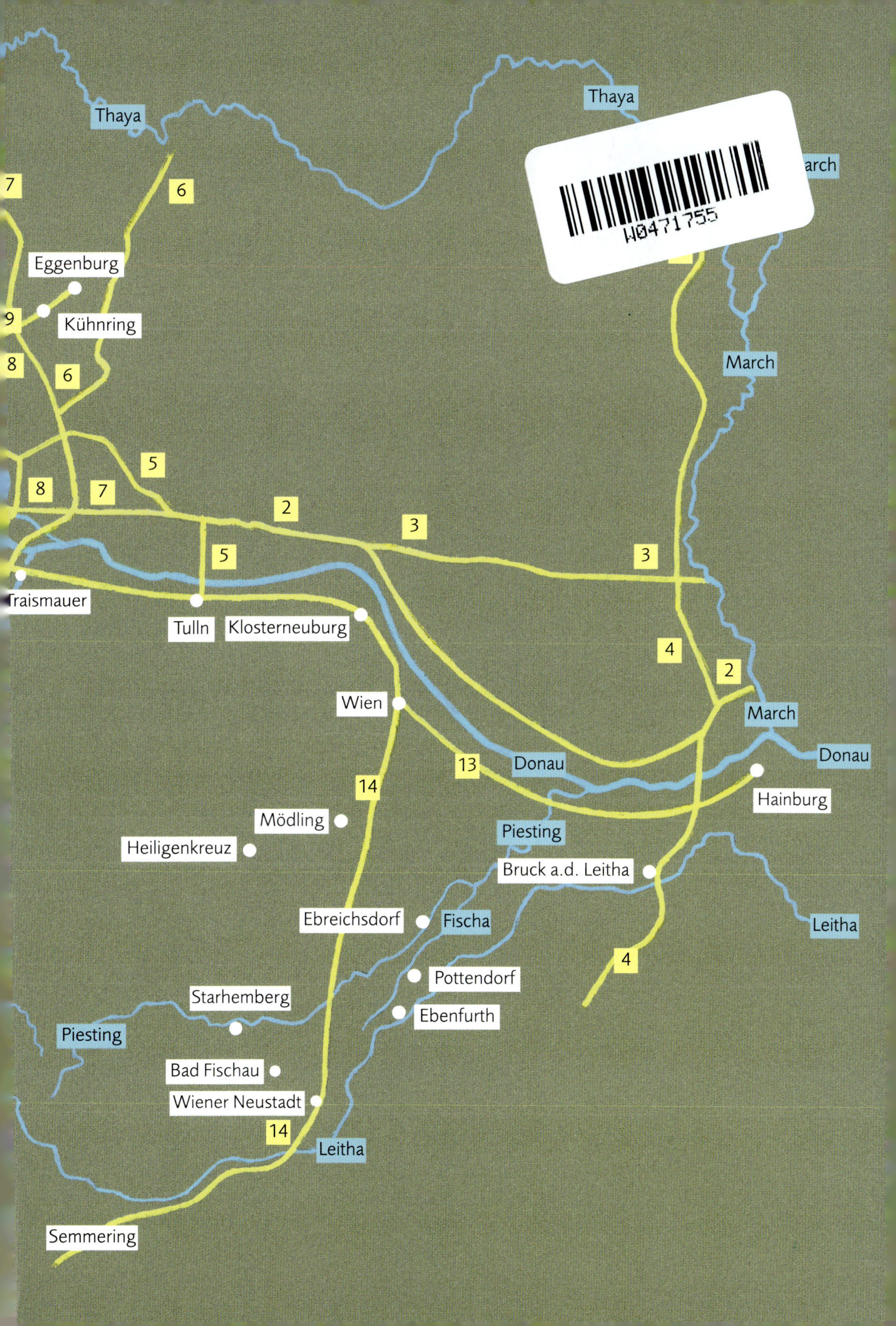
Thaya
Thaya
March
Eggenburg
Kühnring
March
7
6
9
8
6
5
8
7
2
3
3
5
Traismauer
Tulln
Klosterneuburg
4
2
March
Wien
Donau
Donau
13
14
Hainburg
Mödling
Heiligenkreuz
Piesting
Bruck a.d. Leitha
Ebreichsdorf
Fischa
Leitha
4
Pottendorf
Starhemberg
Ebenfurth
Piesting
Bad Fischau
Wiener Neustadt
14
Leitha
Semmering
W0471755

Wo Babenberger und Habsburger residierten

Richard H. Kastner

Wo Babenberger und Habsburger residierten

Vom Markgrafensitz zur kaiserlichen Hofburg

Pichler Verlag

Vorhergehende Doppelseite: Die Michaelerkuppel in der Abendsonne.

ISBN: 978-3-85431-517-9

© 2010 by Pichler Verlag in der
Verlagsgruppe Styria GmbH & Co KG
Wien · Graz · Klagenfurt
Alle Rechte vorbehalten.
www.ichlese.at

Umschlaggestaltung: Bruno Wegscheider
Produktion und Gestaltung: Alfred Hoffmann
Lektorat: Reinhard Deutsch

Reproduktion: Pixelstorm, Wien
Druck und Bindung:
Druckerei Theiss GmbH, St, Stefan im Lavanttal
Printed in Austria

Inhalt

Vorwort

Bei Führungen in der Wiener Hofburg, die ich als Burghauptmann gelegentlich geleitet habe, wurde wiederholt die Frage gestellt, wer eigentlich die Hofburg begründet hat. Neben dem Babenbergerherzog Leopold VI. werden der Böhmenkönig Przemysl Ottokar II. und der erste Habsburger König Rudolf I. genannt, in dessen Regierungszeit die Hofburg 1279 erstmals urkundlich aufscheint. Der Umbau der Schatzkammer brachte 1987 eine entscheidende Entdeckung: In einer über 2 Meter dicken Mauer der Alten Burg wurde ein romanisches Trichterfenster aus der Zeit Herzog Leopolds VI. freigelegt. Damit haben die Arbeiten der Wissenschaftler Karl Ginhart, Alois Kieslinger, Adalbert Klaar und Karl Lechner neue Bedeutung bekommen. Ihre Forschungsergebnisse sind Glieder einer Beweiskette, die nun geschlossen ist. Die Genannten leben längst nicht mehr. Ich habe sie noch persönlich gut gekannt und halte es für meine Pflicht, ihre Forschungsergebnisse zum Thema nun in geschlossener Form darzustellen. Das Buch geht freilich darüber weit hinaus. Die Erkenntnis, daß die Existenz der Hofburg als Residenz schon mit den Babenbergern beginnt, legt es nahe, dem Weg aller österreichischen Herrscherresidenzen nachzugehen, vom Markgrafensitz Pöchlarn der Babenberger bis zur kaiserlichen Hofburg der Habsburger in Wien, also von 976 bis 1918. 942 Jahre österreichischer Geschichte werden begleitet von der Entwicklung der Herrscherresidenzen und den Menschen, die diese Residenzen schufen und belebten.

Die Hofburg ist das bauliche Bindeglied zwischen Babenbergern und Habsburgern. Sie ist darüber hinaus die einzige bis zum Ende der Monarchie im ursprünglichen Sinne als Herrschersitz genutzte, wenn auch im Laufe der Jahrhunderte immer wieder den Erfordernissen der Zeit angepaßte Babenbergerresidenz. Der Hauptgrund, warum sich gerade diese Babenbergerresidenz bis heute erhalten hat, ist wohl der, daß sie von Rudolf I. bis zum letzten Habsburger durch 21 Generationen im Besitz der selben Herrscherfamilie blieb. Die Achtung vor der Residenz der Vorgänger und Vorfahren, von denen viele in dem Gebäude geboren wurden, lebten, residierten und auch starben, hat hier wohl entscheidend gewirkt. Der ideelle Wert, der solcherart die Alte Burg auszeichnet, hätte durch Neubauten auch noch so hoher Qualität nicht ersetzt werden können. Die anderen Babenbergersitze sind in veränderter Funktion oder als Ruinen erhalten, falls nicht nur die Kenntnis ihres Standortes auf uns gekommen ist.

Es ist bemerkenswert, daß die Wiener Herzogs-, Königs- und zuletzt Kaiserresidenz den Namen Burg führte, und sobald sie für eine größere Hofhaltung eingerichtet war, Hofburg, obwohl der Anteil der Burgen – zur Alten Burg kamen nach den Babenbergern die Stallburg und die Amalienburg – nur mehr einen kleinen Teil des Gesamtvolumens der Hofburg ausmacht. Im 18. und 19. Jahrhundert haben namhafte Architekten in ihrer Umbauplanung den Abriß großer Teile des Baubestandes, insbesondere der Alten Burg vorgeschlagen. Der Bauherr, also das Haus Habsburg, hat sich dazu, wohl in der Einsicht der geschichtlichen Bedeutung der vorhandenen Gebäude, nicht entschlossen. Eine einheitliche Gestaltung, wie sie Johann Lucas von Hildebrandt, Balthasar Neumann, Jean Nicolas Jadot, Nicolaus Pacassi und zuletzt Gottfried Semper vorschlugen, war dadurch nicht möglich, die Geschichtlichkeit des Gebäudekomplexes blieb aber bewahrt, ebenso wie der Name, der sonst vielleicht in Kaiserpalast geändert worden wäre. Es sind aber seit dem 16. Jahrhundert immer wieder Erweiterungsbauten geschaffen und Umgestaltungen vorgenommen worden, deren Reiz gerade in der Vielfalt ihrer Formen liegt. So war am Ende der Monarchie die einstige Babenbergerburg eingebettet in einen Gebäudekomplex von eineinhalb Millionen Kubikmeter umbauten Raumes, der vom Ballhausplatz bis zum Albertinaplatz und von der Stallburggasse bis zur Ringstraße reicht.

An dieser Stelle danke ich all jenen, die durch die freundliche Bereitstellung von Unterlagen zum Gelingen dieses Buches beigetragen haben. Vor allem danke ich Frau Hofrat Dr. Christa Farka, Abteilung für Bodendenkmale des Bundesdenkmalamtes; Herrn Martin Hanus, Stadtgemeinde Hainburg an der Donau; Herrn MMag. Wolfgang Huber, Stiftsmuseum Klosterneuburg; Frau Inge Jung und Herrn Dr. Franz Kirchweger, Kunsthistorisches Museum; Frau Dr. Michaela Kronberger, Wien Museum; Frau Gabriele Roithner, Fotoarchiv des Bundesdenkmalamtes; Frau Schulrat Elisabeth Sachs-Freudenschuss, Gars am Kamp; Herrn Mag. Harald Schmid, Lilienfeld; Herrn Altbürgermeister Anton Schrammel, Gars am Kamp; Herrn Vzlt. Gerhard Seeger, Militärakademie Wiener Neustadt; Herrn Franz Steinschaden, Limberg; Frau Mag. Silke Topscher, Bildarchiv der Österreichischen Nationalbibliothek; Frau Mag. Margarete Weinbub, Tulln; Frau Dr. Karin Wiltschke, Anthropologische Abteilung des Naturhistorischen Museums Wien.

Vom Markgrafensitz in Pöchlarn bis zur Wiener Neuen Burg der Babenberger

Vorhergehende Doppelseite: Die Ruine der Burg Gars-Thunau. Die weithin sichtbare Burg, in der nach 1075 Markgraf Leopold II. und dann bis etwa 1113 Markgraf Leopold III. residierten, entwickelte sich auf drei Felsterrassen. Links im Bild auf der unteren Terrasse die Gertrudskirche, deren Anfänge in das 12. Jahrhundert zurückreichen.

Die Orte, an denen die Babenberger ständig oder vorübergehend residierten und Versammlungen abhielten, lagen vor allem an der Donau, am Südufer jenes Stromes, der schon im Nibelungenlied eine bedeutende Rolle spielt und den entlang später die Kreuzfahrer gegen Osten zogen. Mit der Herrschaftsgrenze rückte auch der Sitz der Hofhaltung immer weiter nach Osten vor, von Pöchlarn nach Melk, dann Gars-Thunau, Klosterneuburg, schließlich nach Wien. Es dauerte 180 Jahre, und es war ein schwerer Weg, bis die Babenberger ihre Herrschaftsgrenze so weit nach Osten vorgeschoben hatten, daß sie ihren Sitz in Wien errichten konnten, wo sie mit Unterbrechungen noch neun Jahrzehnte residierten. Weitere Residenzen im Osten waren Hainburg, Wiener Neustadt und Starhemberg.

Die Residenzen der Babenberger waren – Schlösser gab es damals noch nicht – durchwegs Burgen. Diese Burgen veränderten ihre Gestalt im Laufe der Zeit nach den militärischen und gesellschaftlichen Erfordernissen wie auch den bautechnischen Möglichkeiten. Zur Zeit der ersten Babenberger waren es sogenannte Fluchtburgen, von einem Ringwall umgebene Holzbauten. Um die Mitte des 11. Jahrhunderts traten an die Stelle der Holzbauten steinerne Burgen. Ihren Kern bildete das sogenannte *Feste Haus* in der Bedeutung von Steinbau, ein mehrgeschossiger Wohnturm, den eine ringförmige Steinmauer umgab. Um die Mitte des 12. Jahrhunderts entwickelte sich aus dem *Festen Haus* der *Palas* als Wohn- und Repräsentationsgebäude, während ein Turm, der *Bergfried*, die Wehrfunktion des *Festen Hauses* übernahm. Meist waren es Hochburgen, die damals errichtet wurden.

Um 1200 begann dann insbesondere in den Gründungsstädten wie Wiener Neustadt der Bau von Stadtburgen, deren quadratähnliche Grundform in scharfem Gegensatz zu den ringförmig angelegten Burgen früherer Jahrhunderte steht. Sie wurden am gefährdeten Hauptangriffspunkt der Stadt errichtet und bestanden aus vier geradlinig verlaufenden Außenmauern, einem Hauptturm und ein bis drei Trabantentürmen. Zweitürmig waren die Burgen von Bruck an der Leitha und Ebreichsdorf, dreitürmig war die Burg von Pottendorf, viertürmig waren die *Neue Burg* in Wien, die Burg von Wiener Neustadt und die Burg von Ebenfurth. Zwischen dem Hauptturm und einem Trabantenturm befand sich der *Palas*. Die Kapelle war in die Wehrmauer eingebunden.

Im Unterschied zu den Sakralbauten der Zeit wurde mit einer Ausnahme keine der Babenbergerresidenzen bis zum Ende der Donaumonarchie im ursprünglichen Sinne genutzt. Von den ersten Residenzen Pöchlarn und Melk ist nur mehr der Standort bekannt, ebenso von der Herzogsburg *Am Hof* in Wien. Andere sind als Ruinen erhalten: Gars-Thunau, Klosterneuburg (Burg Leopolds VI.), Hainburg und Starhemberg. Die Residenzen in Klosterneuburg (Burg Leopolds III.) und Wiener Neustadt verdanken ihr bauliches Weiterbestehen bis in unsere Tage dem Umstand, daß im Laufe der Jahrhunderte ihre Nutzbarkeit durch bauliche Anpassung an neue Erfordernisse bewahrt werden konnte. Allein die *Neue Burg* der Babenberger in Wien hat ihre Funktion als Teil der Herrscherresidenz bis zum Ende der Donaumonarchie behalten.

Wenn Residenzen der Babenberger heute zu Ruinen verfallen oder ganz verschwunden sind, kann das mehrere Ursachen haben. Vor allem sind es die geänderten Nutzungsbedürfnisse, die schon in der Zeit der Renaissance stark zum Ausdruck kamen wie bequemere Stiegen und Tore, größere Fenster, bessere Beheizungsmöglichkeiten. Eine dementsprechende Adaptierung war schon in Hinblick auf die oft zwei Meter dicken Steinmauern sehr aufwendig. Darüber hinaus führten feindliche Angriffe auf die Burgen zu Schäden und Zerstörungen. Besonders nach Einführung des Schießpulvers im 14. Jahrhundert konnten die Burgen ihre Hauptaufgabe des persönlichen Schutzes immer weniger erfüllen und wurden oft aufgegeben. Wenn aber Burgen nicht mehr genutzt wurden, verfielen sie. Plünderung, Brand, Blitzschlag und andere Witterungseinflüsse beschleunigten diesen Vorgang. Für den Verfall ist sicher nicht die materielle Qualität verantwortlich. Insbesondere die unter Leopold VI. entstandenen Bauten gehören qualitativ zu den besten im europäischen Raum

Es begann im Nibelungenort Bechelaren: Die Babenbergerresidenz Pöchlarn

Zum Schutz Bayerns gegen Osten hatte Karl der Große die karolingische Mark geschaffen. Nach andauernden Einfällen der Ungarn, vor allem aber nach der Schlacht bei Preßburg 907, in der der bayrische Heerbann aufgerieben wurde und der Bayernherzog fiel, löste sie sich auf. Das Land östlich der Enns blieb nun bis nach 955 unter ungarischer Oberhoheit. Von einem Markgrafen offenbar der ehemaligen karolingischen Mark, dem sagenhaften Rüdiger von *Bechelaren*, der in Pöchlarn seinen Sitz unter der Oberhoheit der Ungarn hatte, erfahren wir aus dem Nibelungenlied.

Am 10. August 955 kam es auf dem Lechfeld nahe Augsburg zur Schlacht zwischen den Deutschen und den weit nach Westen vorgedrungenen Ungarn. An der Spitze des Reichsheeres besiegte der deutsche König Otto I. die Ungarn entscheidend. Bis hinein in die ungarischen Ebenen wurden die Angreifer zurückgetrieben. Otto I., den schon Zeitgenossen den Großen nannten, war eine der bedeutendsten deutschen Herrscherpersönlichkeiten und ein überragender Staatsmann. Mit seiner Kaiserkrönung in Rom 962 hat er das *Heilige Römische Reich deutscher Nation* begründet, welches das deutsche Kaisertum mit der Tradition des Römischen Reiches verband. Es bestand bis 1806, als im Verlauf der Napoleonischen Kriege der Habsburger Franz II. auf die römisch-deutsche Kaiserwürde verzichtete, nachdem er zwei Jahre vordem als Franz I. den erblichen Titel eines Kaisers von Österreich angenommen hatte.

Nach dem Sieg Ottos des Großen über die Ungarn konnte die ehemals karolingische Mark als ottonische Mark wiedererrichtet werden. Sie war lehensrechtlich vom Herzogtum Bayern abhängig. Der erste Markgraf der ottonischen Mark war Burchard, Burggraf von Regensburg. Er residierte ab etwa 965 in Pöchlarn. Neue Siedler kamen nun vor allem aus dem bayrischen Mutterland in das wiedergewonnene und gesicherte Ostland.

Auf Kaiser Otto I. folgte nach seinem Tode 973 sein 18-jähriger Sohn als Otto II., dem der Bayernherzog Heinrich II. – von späteren Generationen *der Zänker* genannt – die Anerkennung verweigerte. Heinrich verlor sein Herzogtum. Zwei Jahre später huldigte er jedoch dem Kaiser und bekam das Herzogtum Bayern wieder. Markgraf Burchard, der in die Verschwörung Heinrich *des Zänkers* verwickelt war, verlor die bayrische Mark, ohne sie wieder zu erhalten. Anfang 976 belehnte Otto II. mit der Mark im Südosten des Reiches den Babenberger Leopold (Liutpold) aus bayrischem Hochadel, der als Leopold I. der Ahnherr der Babenbergerdynastie wurde. Sein Beiname *der Erlauchte* geht auf den in Ravensburg gebürtigen Ladislaus Sunthaim zurück, Mitglied des Wiener Domkapitels und Genealoge, der in seinen vor 1489 entstandenen *Tabulae Claustroneoburgenses* erstmals die Beinamen der Babenberger systematisch verwendet hat. Ein kleiner Teil der Beinamen geht auf Sunthaim selbst zurück wie der von Leopold I., die anderen haben ihren Ursprung vor seiner Zeit. Die erste Residenz Leopolds I. war Pöchlarn. Seine Burg, von der nichts mehr erhalten ist, befand sich im Bereich des ehemaligen Römerkastells *Arelape*.

Die Melker Burg wird erobert

Schon 976 hatte Kaiser Otto II. seinen Königssitz in Melk dem neu eingesetzten Markgrafen der Ostmark Leopold I. übergeben. Damals nahm eine Wall- oder Fluchtburg das ganze Areal des Stiftsfelsens von etwa 24.000 m^2 ein, die der Bevölkerung samt Vieh und Lebensmittelvorräten Schutz bei Feindesnot bot. Aber die Burg wurde von dem mächtigen Sizo aus dem Geschlecht der Sighardinger gehalten. So residierte Leopold zunächst in Pöchlarn. Um 984 erstürmte er die *Sizoburg*. Westlich davon errichtete er seine Burg, in der er bis zu seinem Tod residierte. Die Sighardinger sind noch bis Anfang des 13. Jahrhunderts im Raum von Melk nachweisbar.

Die Mark Leopolds I. war Grenzland gegen Ungarn im Osten und gegen Böhmen-Mähren im Norden. Ursprünglich reichte sie im Westen bis in den Bereich der Enns, wo Bayern anschloß, im Süden bis zu den Wäldern der Voralpen, im Norden bis zum *Nortwald*, einem in den Urkunden des 9. bis 13. Jahrhunderts so genannten Waldgebiet, das vom Fichtelgebirge bis zum Unterlauf des Kamp einen ausgedehnten Grenzwaldgürtel zwischen Bayern einschließlich der Mark und Böhmen bildete. Im Nordosten reichte die Mark in einem verhältnismäßig schmalen Landstreifen nördlich der Donau bis zur Höhenstufe des Wagrams, des *Wogen-Rains,* im Osten bis zum Kamm des Wienerwaldes. Jenseits dieser ursprünglichen Grenzen bot sich noch reichlich Gelegenheit zur Rodung und Kolonisation. Am 10. Juli 994 fiel Leopold I. in Würzburg versehentlich einem Mordanschlag zum Opfer. Ein Pfeilschuß, der einem anderen gegolten und sein Ziel verfehlt hatte, verwundete ihn tödlich. Er wurde im Würzburger Dom bestattet.

Nach dem Tode Leopolds I. konnte die Herrschaft in der Mark, obwohl sie kein erbliches Lehen war, sein ältester Sohn Heinrich als Heinrich I. übernehmen, der den Beinamen *der Starke* erhielt. Der Kaiser bedachte ihn mit einer großen Schenkung von Gut im östlichen Teil des Wienerwaldes. Weiter erhielt der Markgraf 20 Königshuben zwischen Kamp und March nach freier Wahl. Eine Hube war der Grundbesitz, der der Leistungsfähigkeit und den Bedürfnissen einer Familie entsprach. Ihre Größe betrug 10 bis 20 Hektar. Eine Königshube umfaßte 40 bis 55 Hektar.

Nach Markgraf Heinrich I., der 1018 kinderlos starb und in seiner Residenz Melk beigesetzt wurde, trat sein jüngster Bruder

Adalbert die Herrschaft in der Mark an. Adalbert war mit etwa 180 cm Körperhöhe für seine Zeit sehr groß und von athletischem Körperbau. Sunthaim gab ihm den Beinamen *der Siegreiche.* Tatsächlich bahnte sich unter Markgraf Adalbert ein starkes Vordringen gegen Osten und Norden an. Es kam zu einem allmählichen kolonisatorischen Besitzergreifen des Landes, aber auch zu wechselvollen Kämpfen mit Ungarn und Böhmen. Zur Grenzsicherung ließ König Heinrich III. die *Böhmische Mark* und die *Ungarische Mark* einrichten, die der bayrischen Ostmark im Norden und Osten vorgelagert waren. In der *Ungarischen* wie auch in der *Böhmischen Mark* blieb Markgraf Adalbert die markgräfliche Würde verwehrt. Es war wohl die körperliche Verfassung, die den König daran zweifeln ließ, daß Markgraf Adalbert den militärischen und organisatorischen Aufgaben in den beiden Marken gewachsen sei, umso mehr, als die Kämpfe gegen Ungarn andauerten. Tatsächlich litt Adalbert an einer schmerzhaften Arthrosis, die mit fortschreitendem Alter alle Gelenke erfaßt und seine Beweglichkeit immer mehr eingeschränkt hatte, bis er sich nicht mehr normal fortbewegen konnte. So geboten ein Markgraf Adalbero in der *Böhmischen* und ein Markgraf Siegfried in der *Ungarischen Mark.*

Wahrscheinlich war es Markgraf Adalbert, der in der ehemaligen *Sizoburg* ein Kloster gründete. Er siedelte zunächst 12 Kanoniker an, also Priester, die keinem Orden angehörten. Im Jahre 1089 berief Markgraf Leopold II., der seinen Sitz bereits in Gars-Thunau hatte, Benediktiner aus Lambach anstelle der Kanoniker nach Melk. Als Leopold III. um 1113 seinen Hauptsitz von Gars-Thunau nach Klosterneuburg verlegte, gab er die Melker Burg, in der er noch 1106 die Kaisertochter Agnes geheiratet hatte, auf. Er ließ seine Burg zum Kloster weihen und übergab sie den Benediktinern, deren Kloster nun neben der ehemaligen *Sizoburg* auch die Babenbergerburg umfaßte. Das heutige Bild des Stiftes Melk wird bestimmt von dem weiträumigen barocken Ausbau nach den Plänen Jakob Prandtauers. In Wien ließ zur gleichen Zeit Karl VI. seine Residenz von Johann Bernhard Fischer von Erlach, Johann Lucas von Hildebrandt und Joseph Emanuel Fischer von Erlach zu einer prunkvollen Anlage barocker Prägung ausbauen, wobei die einstige Babenbergerburg erhalten blieb, während sie in Melk restlos verlorenging.

Unter Markgraf Adalbert und später den Markgrafen Ernst, Leopold II. und Leopold III. hatte Tulln besondere Bedeutung als Gerichts- und Versammlungsstätte. Es wird angenommen, daß Markgraf Adalbert in Tulln seinen heute nicht mehr bestehenden Sitz auf dem Grund des römischen Lagers *Comagena* errichtete, das in seinen Mauerresten damals sicher noch erhalten war, und zwar dort, wo später der Habsburger Rudolf I. in Erinnerung an die siegreiche Schlacht bei Dürnkrut an der March 1278 gegen Böhmenkönig Ottokar ein Dominikanerinnenkloster stiftete.

Markgraf Adalbert starb 1055 mit über 60 Jahren und wurde in Melk bestattet. Als Markgraf der Ostmark folgte ihm sein Sohn Ernst. Wie der Vater war er mit etwa 180 cm Körperhöhe sehr groß und von athletischem Körperbau. Nach dem Tode der Markgrafen Siegfried und Adalbero konnte er die *Ungarische* und die *Böhmische Mark* mit seiner Mark vereinigen. Er war der letzte Babenberger, der in Melk residierte. Im Jahre 1075 kämpfte er an der Seite König Heinrichs IV. gegen die Sachsen. In der Schlacht bei Homburg erlitt er tödliche Verletzungen. Wie die anthropologische Untersuchung seines Skeletts 1968 ergab, wurde seine linke Schädelseite durch den Hieb mit einer Streitaxt durchschlagen, das Schädeldach durch einen Schwerthieb verletzt. Weitere Hiebe trafen linksseitig Oberarm- und Oberschenkelknochen. Er setzte sich offenbar gegen eine Übermacht zur Wehr, was seinen Beinamen *der Tapfere* verständlich macht. Auch er fand in Melk seine letzte Ruhestätte.

In die Zeit von Markgraf Ernst fällt das Aufkommen des Standes der Ministerialen. Das Wort bezeichnet ursprünglich Dienstmannen. Es waren meist Leute ritterlichen Standes, die auch zum Verwaltungs- und Kriegsdienst herangezogen wurden. In der Mark waren die Ministerialen in erster Linie dem Markgrafen untergeordnet, zu dessen Gefolge sie gehörten. Ihre Stellung stieg durch Ausübung von Heeresdienst und Burgverwaltung sowie durch Hof- und Verwaltungsdienst. Das führende Ministerialengeschlecht in der Mark waren die Kuenringer. Im Jahre 1056 erhielt der Ministeriale des Markgrafen Ernst, der Kuenringer Azzo, von König Heinrich IV. eine große Schenkung an Land und Herrschaftsrechten südwestlich von Eggenburg. Hier entstanden der Ort Kühnring und eine Burg, die zum Stammsitz des mächtigen Geschlechtes der Kuenringer wurde. Der Markgraf vertraute den Kuenringern die Hut seiner Burg Gars-Thunau am Kamp an, von wo über den *Polansteig* eine direkte Verbindung nach Kühnring bestand.

Es geht weiter nach Osten: Die Babenbergerresidenz Gars-Thunau am Kamp

Nach dem Tode von Markgraf Ernst trat dessen Sohn als Leopold II., *der Schöne* genannt, die Herrschaft in der Mark an. Er war der Erste, der in Gars-Thunau residierte, der ältesten Babenbergerresidenz, von der zumindest noch Reste auf uns gekommen sind. Die Burg stammt aus der Zeit, in der die Erdwallburgen aufgegeben wurden und der Steinbau an ihre Stelle getreten war, also Mitte des 11. Jahrhunderts. Zur Zeit Leopolds II. war die Burg Mittelpunkt des höfischen Lebens. Sie sah glänzende Feste mit ritterlichen Kampfspielen. Die Babenbergerburg erhob sich weithin sichtbar über der vom Ort Gars durch den Kamp getrennten Burgsiedlung Thunau als terrassenförmige Anlage auf einem in das Kamptal abfallenden Gneisfelsen. Auf der oberen von drei Felsterrassen stand der viergeschossige rechteckige Baukörper des *Festen Hauses* mit zwei Meter dicken Mauern, umgeben von einer Befestigungsmau-

Die Burgruine Gars-Thunau. Die Befestigungsmauer rings um die mittlere Felsterrasse des Burgberges. Rechts im Hintergrund auf der unteren Felsterrasse die Gertrudskirche.

Die Reste des Torturmes der Babenbergerburg Gars-Thunau im Verlauf der um die mittlere Felsterrasse des Burgberges angelegten Befestigungsmauer mit dem Haupttor der Burg. Über dem Tor befand sich die Pankratiuskapelle, in deren Bereich die Grabstätte von Markgraf Leopold II. vermutet wird.
Der Turm wurde 1781 durch Blitzschlag gespalten.

er. Am Rand der mittleren Terrasse erhob sich im Verlauf einer weiteren Befestigungsmauer der Torturm mit dem tonnenüberwölbten Burgtor und darüber der Burgkapelle. Diese dem heiligen Pankratius geweihte Kapelle hatte ehemals eine reiche Freskoausgestaltung. Auf der unteren Terrasse steht die Gertrudskirche, deren Anfänge in das 12. Jahrhundert zurückreichen, die aber nicht wie die anderen Baulichkeiten auf dem Burgfelsen zur Ruine verfiel.

Die Burgruine Gars-Thunau. Das Bild zeigt auf der oberen Felsterrasse die von einer Ringmauer umgebene Hochburg mit dem einst viergeschossigen Festen Haus, von dem nur noch Reste der Längsmauern erhalten sind.

Markgraf Leopold II. starb 1095 in seiner Residenz Gars-Thunau, wo er vermutlich im Bereich der Pankratiuskapelle beigesetzt wurde. Nach ihm residierte sein gleichnamiger Sohn als Leopold III. in Gars-Thunau, bis er um 1113 seinen Sitz nach Klosterneuburg verlegte. In Gars setzte er einen Burggrafen aus dem Geschlecht der Kuenringer ein, die damals in einem gewaltigen Kolonisationswerk in das Gebiet westlich von Gars vorstießen, wo Hadmar I. von Kuenring das Stift Zwettl gründete.

Klostergründungen waren die geistige Basis der Kolonisation. Leopold III. selbst gründete das Stift Klosterneuburg und 1133 am Sattelbach im Wienerwald ein Kloster der Zisterzienser mit dem Namen *Zum heiligen Kreuz*. In die Regierungszeit Leopolds III. fiel der Beginn der Kreuzzugsbewegung. Es sollten die heiligen Stätten von der Herrschaft der Mohammedaner befreit und der Wallfahrtsweg der Pilger gesichert werden. Im Jahre 1096 brach der 1. Kreuzzug auf. Ein Großteil der niederdeutschen, flandrischen und lothringischen Kreuzfahrer zog donauabwärts durch die Ostmark, die damit an einen von Westeuropa nach dem Osten führenden Fernverkehrsweg angeschlossen war.

Im Jahre 1133 hat Markgraf Leopold III. das Zisterzienserstift Heiligenkreuz gegründet. Das Bild zeigt, flankiert von barocken Fassaden im inneren Stiftshof, die Westfassade der Stiftskirche.

Das Kapitelhaus von Stift Heiligenkreuz. Herzog Friedrich II. ließ es zu einer ansehnlichen Fürsten-Grablege ausgestalten, zunächst für die in Heiligenkreuz bereits bestatteten Babenberger Markgraf Leopold IV., Herzog Leopold V. und Herzog Friedrich I. Im Zentrum des Kapitelhauses befindet sich Friedrichs II. Hochgrab.

Die Babenbergerresidenz Klosterneuburg

Leopold III. baute um 1113 in *Neuburg,* wie Klosterneuburg zunächst hieß, im Bereich eines alten Römerkastells seine Residenz. Das 40 m lange und 13 m breite aus Werksteinen errichtete *Feste Haus* am Steilabfall zum Kierlingbach enthielt in der Mitte jedes Geschosses einen Saal von 20 m Länge und 9 m Breite. Der Bau ist in veränderter Form als *Alter Fürstentrakt* des Stiftes Klosterneuburg erhalten geblieben. Durch den barocken Kaisertrakt, den Karl VI. im Jahre 1739 erstmals bewohnte, hat das ehemalige Residenzgebäude Leopolds III. an Bedeutung verloren. Es enthält heute das Stiftsarchiv.

Die ehemalige Residenz von Markgraf Leopold III. in Neuburg, dem späteren Klosterneuburg. Neuburg war seit etwa 1113 Sitz der Babenberger. Hier residierten nach Leopold III. die Markgrafen Leopold IV. und Heinrich II., bevor der Letztgenannte 1156 als Herzog seinen Sitz nach Wien verlegte. Die Residenz Leopolds III. ist im Laufe der Jahrhunderte baulich verändert worden und dient heute als Stiftsarchiv. Unter anderem ist im 14. Jahrhundert dem hofseitigen Eingang ein gotischer Baldachinbau vorgesetzt worden, der einen Erker im Obergeschoß trägt. An dem reich gestalteten spätgotischen zweiachsigen Erker aus der Zeit um 1500 vor dem einstigen Hauptsaal befinden sich drei Baldachinstatuen: Markgraf Leopold III. und Markgräfin Agnes zu beiden Seiten der Madonna. Die Fotografie entstand um die vorletzte Jahrhundertwende.

Die ehemalige Residenz von Markgraf Leopold III. in Klosterneuburg in ihrem heutigen Zustand. In der Außenwand ist ein romanisches Steingewände mit Rundbogensturz freigelegt.

In unmittelbarer Nähe seiner Residenz *Neuburg* gründete Leopold III. ein Stift für weltliche Chorherrn, das er 1133 in ein Stift für Augustiner Chorherrn umwandelte. Im Jahre 1114 fand die Grundsteinlegung zur Stiftskirche statt, die 1136 geweiht wurde. Unbekannte Umstände der Stiftsgründung hat die Sage zu deuten versucht. Die sogenannte Schleierlegende, in den Urkunden der Zeit nicht genannt, ist erstmals in einer Chronik aus dem Jahre 1371 enthalten. Danach soll am 8. Mai 1106 ein Windstoß den Schleier vom Kopf der Markgräfin Agnes weggetragen haben. Acht Jahre später, am 31. Mai 1114 hätte Markgraf Leopold III. während der Jagd den unversehrten Schleier auf einem Holunderbaum entdeckt. Den Auffindungsort habe er für den Bau der Kirche in *Neuburg* bestimmt. Seit 1371 wird die Schleierlegende in verschiedenen Werken über das Stift und Leopold III. erwähnt und der Zeit entsprechend auch bildlich dargestellt. Markgräfin Agnes, Tochter Kaiser Heinrichs IV. und zweite Gemahlin Leopolds III., ist aber auch in die Gründungssage der Kirche von Schwäbisch Gmünd eingebunden. Dort soll ein von ihr verlorener Ring gefunden worden sein, was ihren ersten Gemahl, den Schwabenherzog Friedrich von Staufen, zur Stiftung der Kirche veranlaßt habe.

Markgraf Leopold III., der das Ansehen der Babenberger und ihres Landes zu bedeutender Höhe brachte, starb 1136 im Alter von etwa 60 Jahren. Es heißt, er sei Opfer eines Jagdunfalls geworden. Tatsächlich zeigte sich 1936 bei einer Untersuchung seines Skeletts in Klosterneuburg,

Der Rest von Herzog Leopolds VI. Residenz in Klosterneuburg. Unter Leopold VI. erlebte Klosterneuburg eine kurze Blüte als Fürstenresidenz. Er schuf sich hier einen prächtig ausgestalteten Palastkomplex mit einem Palas von 25 m Länge und 12 m Breite. Das Bild zeigt die 1977 freigelegte östliche Palasmauer, durch deren Fensteröffnung die Turmspitzen der Stiftskirche erkennbar sind.

daß der rechte Ast des Unterkieferknochens abgebrochen war, wohl die Verletzung durch einen tödlichen Speerwurf. Wie sich damals weiter zeigte, war er mit rund 180 cm für seine Zeit sehr groß gewachsen, von athletischer Gestalt und bis ins Alter rüstig. Er hatte 18 Kinder, davon den ältesten Sohn von seiner ersten, die anderen Kinder von seiner zweiten Frau. Die Söhne Heinrich und Leopold folgten Leopold III. im Markgrafenamt nach. Sohn Otto war Probst von Klosterneuburg, dann Abt von Morimond in Lothringen und zuletzt Bischof von Freising. Er gilt als der bedeutendste deutsche Geschichtsschreiber und Geschichtsphilosoph des Mittelalters. Die verwandtschaftlichen Beziehungen der großen Familie Leopolds III. zu anderen Fürstengeschlech-

Der etwa zwanzigjährige Habsburgerherzog Rudolf IV. der Stifter. Das Bildnis entstand um 1380 und gilt als das älteste nach der Natur geschaffene Fürstenporträt der deutschen Malerei. Der Herzogshut entspricht der im Privilegium maius beschriebenen Form.

tern Mitteleuropas waren für die künftige Rolle der Babenberger und damit Österreichs bedeutungsvoll. Um 1135 findet sich erstmals für den Machtbereich Leopolds III. der Name *Austria*.

Im Gedächtnis seines Landes und Volkes blieb Leopold III., der volkstümlichste Babenberger, verankert. Seine Gemahlin Agnes lebt in der Schleierlegende weiter. Nach seiner feierlichen Heiligsprechung 1485 kamen seine Gebeine aus der Gruft in einen silbernen Reliquien-

Der in der Schatzkammer der Wiener Hofburg verwahrte josephinische Erzherzogshut in seinem derzeitigen Zustand. Edelsteine und Perlen sind abgenommen.

Gemälde des für Joseph II. zur Kaiserkrönung 1765 angefertigten Erzherzogshutes in seiner ursprünglichen Ausstattung. Er beruht auf dem Herzogshut, wie ihn das Bildnis Rudolfs IV. zeigt.

schrein, der sich heute in der Leopoldskapelle vor dem Kapitelsaal des Stiftes Klosterneuburg befindet. Seit 1663 ist Leopold III. Landespatron von Niederösterreich.

Auf Leopold III. folgte im Markgrafenamt dessen gleichnamiger Sohn als Leopold IV. Der für ihn nicht charakteristische Beiname *der Freigiebige* beruhte auf einer Verwechslung. Leopold IV. residierte in Klosterneuburg. Drei Jahre nach seinem Regierungsantritt erhielt er einen

Der österreichische Erzherzogshut, der 1616 von Erzherzog Maximilian, Sohn Kaiser Maximilians II., gestiftet wurde und in Klosterneuburg aufbewahrt wird. In der Grundform ist der Erzherzogshut ein rotsamtener Fürstenhut, mit Hermelin umgeben. Der Hermelin umschließt eine goldene Krone mit acht Zinken, deren Spitzen über den Hermelin hinausragen. Zwei perlen- und edelsteingeschmückte Bügel überspannen den Hut. Am Kreuzungspunkt der Bügel befindet sich ein großer kugelförmiger Saphir, dessen Fassung ein kleines, mit Rubinen, Smaragden, Diamanten und Perlen geschmücktes Kreuz trägt. Auch die Bügel und die Kronenzinken tragen Edelsteine und Perlen. Der Erzherzogshut wurde fallweise zur Erbhuldigung durch die niederösterreichischen Stände aus der Obhut des Stiftes entliehen, erstmals 1620 zur Erbhuldigung des römisch-deutschen Kaisers Ferdinand II., zuletzt 1835 zur Erbhuldigung des österreichischen Kaisers Ferdinand I.

bedeutenden Machtzuwachs, als der Bayernherzog Heinrich der Stolze dem neugewählten König Konrad III. die Huldigung versagte und darob geächtet wurde. Der König verlieh das Herzogtum Bayern dem österreichischen Markgrafen Leopold IV., der aber nicht lange die bayrische Herzogswürde innehatte. Im Herbst 1141 trat er krank den Weg von seinem Herzogtum Bayern in die Mark an, wo er nicht mehr lebend ankam. Er starb im Kloster Niederaltaich und wurde als erster Babenberger in Heiligenkreuz, der Gründung seines Vaters, bestattet. Nach dem Tode Leopolds IV. erhielt dessen älterer Bruder als Heinrich II. die Markgrafschaft, 1143 auch das Herzogtum Bayern mit der Residenz in Regensburg.

Im Jahre 1152 wurde zum neuen deutschen König der Herzog von Schwaben als Friedrich I., genannt Barbarossa, gewählt. Herzog und Markgraf Heinrich II., der den Verlust von Bayern befürchtete, stellte sich zunächst gegen den neuen König. Auf Vorladungen zu Hoftagen erschien er entweder nicht oder erklärte die Hoftage als unrechtmäßig. Schließlich wurde durch Fürstenspruch Bayern dem Schwabenherzog Heinrich dem Löwen verliehen. Aber damit war die Ostmarkfrage für den deutschen König nicht gelöst. Friedrich Barbarossa, der 1155 in Rom zum Kaiser gekrönt worden war, führte am 8. September 1156 eine Regelung herbei: Auf den Wiesen von Barbing östlich von Regensburg wurde im Freien – eine Selbstverständlichkeit der sinnbildlichen

Die österreichische Kaiserkrone. Rudolf II. hat sie 1602 als Hauskrone der Habsburger in Prag herstellen lassen. Franz II. verkündete 1804 als Franz I. das österreichische Erbkaisertum und bestimmte die Krone Rudolfs II. zur österreichischen Kaiserkrone. Auch sie befindet sich in der Schatzkammer der Wiener Hofburg.

Rechtssprache der Zeit – in Anwesenheit bedeutender weltlicher und geistlicher Herren in feierlicher Form die Ostmark zum Herzogtum erhoben, während Herzog Heinrich der Löwe Bayern erhielt. Mit der über die getroffene Vereinbarung ausgestellten Urkunde, dem später sogenannten *Privilegium minus,* erhielten Heinrich II. Jasomirgott und seine Gemahlin Theodora die Mark als rechtlich von Bayern unabhängiges Herzogtum zu Lehen.

Das neu geschaffene Herzogtum Österreich trat als zehntes zu den bisherigen Herzogtümern des deutschen Reiches. Ihm und seinem Herzogspaar wurden besondere Rechte verliehen, so das Recht der Erbfolge auch für ihre Töchter und im Falle der Kinderlosigkeit das Recht, das Herzogtum „wem immer sie wollen" zuzuwenden. Weiter brauchte der Herzog nur die kaiserlichen Hoftage in Bayern zu besuchen und dem Kaiser Kriegsdienste nur nach den Österreich benachbarten Ländern zu leisten, so daß sich der Herzog mit seiner Streitmacht nicht weiter von seinem Land entfernen mußte. Diese Rechte gingen sogar für ein Herzogtum über das bisher Übliche hinaus und bedeuteten für Österreich eine Ausnahmestellung unter den deutschen Reichslanden. Allerdings konnte der kinderlose Babenberger Friedrich II. durch seinen Schlachtentod im Jahr 1246 die Möglichkeiten, die ihm das *Privilegium minus* für die Regelung seiner Nachfolge bot, nicht mehr nutzen, womit die Zeit der Babenberger zu Ende ging.

Mit dem ersten österreichischen Herzog der Babenbergerdynastie beginnt die Geschichte des österreichischen Herzogshutes. Dieser Herzogshut ist nicht auf uns gekommen. Der in Klosterneuburg verwahrte Erzherzogshut, der von 1620 bis 1835 bei Erbhuldigungen getragen wurde, ist erst 1616 von Erzherzog Maximilian, Sohn Kaiser Maximilians II., gestiftet worden und hat mit den Babenbergern nichts zu tun. Im Jahre 1453 bestätigte Kaiser Friedrich III. den schon früher gebrauchten Titel Erzherzog für den österreichischen Landesfürsten. Der Herzogshut war nun Erzherzogshut. Im Jahre 1577 ist von einem *Erzherzogshuetlein* die Rede, das in der Schatzkammer der Hofburg verwahrt wurde.

Der Jurist Franz Ferdinand Schrötter beschreibt in seinem 1775 erschienenen *Grundriß des österreichischen Staatsrechtes* mit Hinweis auf die kaiserlichen Freiheitsbriefe von 1156, 1228 und 1245 den Herzogshut so, wie er auf dem Bildnis von Herzog Rudolf IV. dargestellt ist, ohne zu wissen, daß diese Freiheitsbriefe, im besonderen der von 1156 – das *Privilegium maius* – Fälschungen Rudolfs von 1358/59 sind. Es ist anzunehmen, daß auch der auf dem Bildnis Rudolfs IV. dargestellte Herzogshut auf ihn selbst zurückgeht. Zur Zeit von Kaiserin Maria Theresia wurde jedoch der Herzogshut auf dem Bildnis Rudolfs IV. für den echten Herzogshut gehalten, und es war sogar daran gedacht, den maximilianischen Erzherzogshut entsprechend abzuändern. Dazu kam es nicht. Allerdings ließ Joseph II. zu seiner Kaiserkrönung in Frankfurt 1765 einen neuen Erzherzogshut anfertigen, der dem auf dem Bildnis Rudolfs IV. gezeigten ähnlich war.

Aus alledem können folgende Schlüsse gezogen werden: Vom maximilianischen Erzherzogshut ist nicht feststellbar, ob er einen babenbergischen oder frühen habsburgischen Herzogshut zum Vorbild hat. Die Form des Herzogshutes, mit dem Rudolf IV. auf seinem Bildnis dargestellt ist, entspricht den gefälschten Freiheitsbriefen von 1156, 1228 und 1245, im besonderen dem *Privilegium maius* von 1156. Wie Lhotsky treffend bemerkt, mutet das Bildnis wie eine Illustration des *Privilegium maius* an. Der josephinische Erzherzogshut beruht auf dem Herzogshut Rudolfs IV. und entspricht daher ebenfalls den gefälschten Freiheitsbriefen. Mit der Annahme der österreichischen Kaiserwürde durch Franz II. (I.) hat 1804 die Frage des Aussehens des Erzherzogshutes an Bedeutung verloren.

Wien wird erreicht. Erste Babenbergerresidenz ist die Herzogsburg Am Hof

Im Jahre 1156 verlegte der nunmehrige Herzog von Österreich Heinrich II. seine Hofhaltung von Klosterneuburg nach Wien. Außerhalb der Stadt an der im 11. Jahrhundert errichteten Westmauer der Stadtbefestigung ließ er eine Burg nahe dem Jagdhaus seines Vaters erbauen. Dazu befindet sich im ersten Hof des Palais Esterházy, Wallnerstraße 4, das im 17. und 18. Jahrhundert anstelle mehrerer kleiner Häuser errichtet wurde, eine Tafel mit lateinischer Inschrift, nach der an dieser Stelle das Jagdhaus Leopolds III. gestanden war. Es ist anzunehmen, daß die Herzogsburg Heinrichs II. einen *Palas* besaß und durch einen starken Turm gesichert war. Hofkirche war die Kirche zum heiligen Pankraz nahe der Burg, die bis in das 16. Jahrhundert bestand. Auf dem großen Freiplatz vor der Burg, *Am Hof* genannt, der bis zur Römermauer am Tiefen Graben reichte, fanden Turniere und andere Festlichkeiten statt. In der Burg empfingen Heinrich II. Jasomirgott und seine Gemahlin Theodora 1165 den deutschen Kaiser Friedrich I. Barbarossa, der 14 Tage lang ihr Gast war. Im Jahre 1189 hielt sich der Kaiser

Der Platz Am Hof in einer Darstellung Salomon Kleiners von 1724. Das Jesuitenkloster rechts vorne war durch Umbau der babenbergischen Herzogsburg entstanden, die Heinrich II. Jasomirgott errichten ließ. Nach ihm residierten hier die Herzöge Leopold V. und Friedrich I. Bauliche Veränderungen hatte die Herzogsburg bis zum Zeitpunkt der Darstellung Kleiners durch die Karmeliter, die das Gebäude 1386 erhielten, und die Jesuiten, die ihnen 1554 folgten, erfahren. Der turmartige fensterlose Baukörper ganz rechts wird als Rest der alten Babenbergerburg gedeutet.

Die ehemalige Herzogsburg Am Hof nach dem um 1775 vom Hofarchitekten Franz Anton Hillebrandt für den Hofkriegsrat besorgten grundlegenden Umbau. Die Fotografie von 1903 zeigt das Gebäude, damals Kriegsministerium, davor das Reiterstandbild von Generalfeldmarschall Radetzky.

Der Abbruch der ehemaligen Herzogsburg Am Hof in Wien. Das Gebäude beherbergte zuletzt das Kriegsministerium. Im Durchblick durch den Heidenschuß ist das bereits bis zum 1. Obergeschoß abgetragene Gebäude zu sehen, dahinter über den Häusern der Seitzergasse der Turm von St. Stephan und die Kuppel der Peterskirche. Die Aufnahme entstand im Jahre 1913.

Gefäße aus der Babenbergerresidenz Am Hof in Wien. Nach Abbruch der ehemaligen Herzogsburg Am Hof wurden 1913 beim Aushub an gleicher Stelle für die Fundamente eines Bankgebäudes Tongeräte gefunden, die nicht nur aus der Zeit, sondern sogar aus einer Residenz der Babenberger stammen. Das Gerät links im Bild könnte ein Räucher- oder Wärmegerät gewesen sein. Es ist 19 cm hoch, graugelb und dickwandig. Vom Boden ist eine kreisrunde Scheibe herausgeschnitten, an der Wand befinden sich drei, am Hals zwei dreieckige bis ovale Öffnungen. Hals und Schulter sind waagrecht gerillt. Der Rand ist abgebrochen. Das Krüglein in der Mitte ist 12 cm hoch und grau mit doppelkonischem Körper. Der Henkel reicht von der Schulter bis zum Rand. Im rechten Winkel zum Henkel befindet sich am oberen Rand ein Ausguß. Der kugelige Topf rechts im Bild ist 13 cm hoch und bräunlich, der Mundsaum schwach untergriffig.

abermals in Wien auf, als er auf dem 3. Kreuzzug donauabwärts zog. Besonders unter Heinrichs II. Sohn Leopold V. war die Herzogsburg *Am Hof* der Mittelpunkt des geistigen, künstlerischen und politischen Lebens der deutschen Donauländer und der Ort glanzvoller Hofhaltung. Der Elsässer Reinmar von Hagenau und sein Schüler Walther von der Vogelweide begeisterten hier mit ihrem Minnesang die höfische Gesellschaft.

Im Jahre 1386 kam die ehemalige Herzogsburg an die Karmeliter, die darin ein Kloster einrichteten und daneben eine Kirche bauen ließen. In der Reformationszeit verödet, erhielten 1554 Kirche und Kloster nach Wien berufene Jesuiten, die grundlegende bauliche Veränderungen vornahmen. Bei der Türkenbelagerung 1683 diente das Kloster als Spital, und im Keller wurde Munition gelagert. Nach der Aufhebung des Jesuitenordens durch den Papst 1773 wurde die Kirche von Weltpriestern administriert und das ehemalige Kloster für den Hofkriegsrat bestimmt. Der Umbau wurde dem Hofarchitekten Franz Anton Hillebrandt übertragen. Hillebrandt hatte an der Wiener Akademie der bildenden Künste studiert und war Mitarbeiter Balthasar Neumanns beim Bau der Würzburger Residenz. In Ungarn errichtete er zahlreiche staatliche Gebäude und war auch bei Hofbauten wie dem Preßburger und dem Ofener Schloß tätig. In Nachfolge von Nicolaus Pacassi leitete er ab 1772 das Wiener Hofbauamt, und in dieser Funktion wurde er mit dem Umbau des ehemaligen Klosters *Am Hof* betraut. „Solid, gut, aber allereinfachst" sollte das Gebäude des Hofkriegsrates sein. Nur die Repräsentationsräume und die Räume der Präsidentenwohnung erhielten dekorativen Schmuck. Am 23. November 1776 besuchten Kaiserin Maria Theresia und ihr Sohn Kaiser Joseph den fertigen Bau, in dem

Freigelegte romanische Bauteile der Wiener Schottenkirche. Herzog Heinrich II. stiftete nahe seiner künftigen Wiener Residenz, der Herzogsburg Am Hof, ein Kloster. Vor allem bei der barocken Umgestaltung im 17. Jahrhundert ging der ursprüngliche Klosterbau weitgehend verloren. In der Kapelle südlich des Chores der Kirche sind 1966/69 nach Abbruch eines barocken Zwischengewölbes romanische Bauteile freigelegt worden.

dann bis 1912 die obersten Militärbehörden der Monarchie ihren Sitz hatten. Erzherzog Karl, der Sieger von Aspern über Napoleon, der von 1801 bis 1809 Hofkriegsratspräsident war, wohnte unter anderen darin. Im Jahre 1913 wurde das Hofkriegsratsgebäude, das zuletzt das Kriegsministerium beherbergte, abgerissen und an seiner Stelle ein Bankgebäude errichtet. Nur eine Inschrift an dessen Fassade zur Bognergasse erinnert noch an die bauliche Vergangenheit.

Nach den Babenbergern war der Platz *Am Hof* noch mehrmals Schauplatz bedeutsamer Ereignisse. Matthias Corvinus nahm hier kurz vor seinem Tode 1490 an einem Turnier teil. Papst Pius VI. spendete 1782 vom Balkon der Kirche dem auf dem Platz *Am Hof* versammelten Kirchenvolk den Segen. Das tat abermals, 225 Jahre später, Papst Benedikt XVI. am 7. September 2007. An gleicher Stelle verkündete am 6. August 1806 ein kaiserlicher Kommissär die Niederlegung der deutschen Kaiserkrone durch Franz II. und die Auflösung des *Heiligen Römischen Reiches Deutscher Nation*. In den Jahren 1805 und 1809 besetzten französische Truppen Wien und richteten sich im Hofkriegsratsgebäude ein. Und am 6. Oktober 1848 wurde die Leiche des von den Aufständischen erschlagenen Kriegsministers Theodor Graf Baillet-Latour an einer Laterne vor dem Hofkriegsratsgebäude aufgehängt.

Heinrich II. stiftete um 1155 nahe seiner künftigen Wiener Residenz, der Herzogsburg *Am Hof* , ein Kloster, wie dies seine Vorfahren im Bereich ihrer Residenzen Melk und Klosterneuburg getan hatten. Aus Regensburg, wo er als Bayernherzog seinen Sitz hatte, berief er Mönche des Benediktinerklosters St. Jakob, dem deutschen Hauptsitz irischer Mönche, deren Heimat im Mittelalter *Scotia* hieß und die daher *Schotten* genannt wurden. Im Jahre 1200 weihte der Passauer Diözesanbischof die von den Mönchen errichtete Kirche, eine dreischiffige romanische Pfeilerbasilika mit Querschiff und Apsis.

Die steigende Bedeutung Österreichs und seines Herzogs beunruhigte seine Nachbarländer Böhmen und Ungarn. Insbesondere im Osten kam es zum Kampf. Dabei erlag Herzog Heinrich 1177 den Folgen eines Sturzes mit dem Pferd. In seiner Stiftung bei den *Schotten* wurde er beigesetzt. Herkunft und Bedeutung seines Beinamens *Jasomirgott* sind nicht geklärt. Schon die *Historia fundationis monesterii Melicensis* aus der Mitte des 14. Jahrhunderts nennt ihn *Hainricus, dictus Jochsamergott*. In die Zeit Heinrich Jasomirgotts fällt die Erweiterung des romanischen Kirchenbaues von St. Stephan in Wien mit den beiden Westtürmen, den Heidentürmen.

Auf Heinrich II. folgte dessen älterer Sohn Leopold als Leopold V. Sein Beiname *der Tugendhafte* geht auf Sunthaim zurück. Der jüngere Sohn Heinrich erhielt 1179 anläßlich seiner Vermählung mit der böhmischen Königstochter Richza Güter insbesondere im Raum von Mödling, wo er eine Nebenlinie der Babenberger mit dem Titel *Herzog von Mödling* begründete. Walther von der Vogelweide wirkte auch an seinem Hof. Mit dem Tod seines Sohnes Heinrich des Jüngeren erlosch 1236 diese Sekundogenitur der Babenberger, und die Herrschaft fiel an die Hauptlinie des Geschlechts zurück.

In die Zeit Leopolds V. fallen zwei für Österreich schwerwiegende Begebenheiten, nämlich die Erwerbung der Steiermark und der 3. Kreuzzug

Die Reste der Mödlinger Burg. Mödling war zwischen 1179 und 1236 Sitz einer Nebenlinie der Babenberger, die den Titel Herzog von Mödling führte. Die Burg auf einem felsigen Bergkegel über dem Klausental, auf der auch Walther von der Vogelweide wirkte, wurde nach Umbauten, Zerstörungen und Verfall 1812 als romantische Ruine wieder errichtet. Sie verfiel danach wieder und ist heute nur mehr in Resten vorhanden. Die Fotografie entstand 1893.

mit seinen Folgen. Im Jahre 1174 hatte der Bayernherzog Heinrich der Löwe dem Kaiser Friedrich I. Barbarossa die Heeresfolge verweigert. Der Kaiser eröffnete das Rechtsverfahren gegen Heinrich den Löwen, der schließlich sein Herzogtum samt allen Eigengütern verlor. Die Steiermark wurde von Bayern getrennt und zu einem selbständigen Herzogtum erhoben, das der junge Markgraf und seit 1180 Herzog Otakar IV. erhielt.

Das Selbständigwerden der Steiermark war, wie sich bald zeigte, für Österreich von großer Bedeutung. Auf dem Georgenberg bei Enns trafen sich 1186 Herzog Otakar IV. von Steiermark und Herzog Leopold V. von Österreich mit dessen älterem Sohn Friedrich, dem späteren Herzog Friedrich I., in Anwesenheit von Hochadeligen und Ministerialen beider Länder. Ein Erbvertrag wurde beschlossen, die sogenannte *Georgenberger Handfeste*, eines der ältesten und wichtigsten Dokumente der österreichischen Geschichte. Darin bestimmte der unheilbar an Aussatz (Lepra) erkrankte steirische Herzog, sollte er ohne Nachkommen sterben, zu seinen Nachfolgern Herzog Leopold V. und dessen Sohn Friedrich. Die *Georgenberger Handfeste* wurde im folgenden Jahr vom Kaiser genehmigt.

Im Verlauf des 3. Kreuzzuges (1189–1192), an dem auch Herzog Leopold V. teilnahm, soll nach Einnahme der Festung Akkon der König von England Richard I. Löwenherz das schon früher aufgezogene Banner des Herzogs von Österreich herabgerissen und geschmäht haben. Aber der

Dürnstein in der Wachau mit der Burgruine. Die Burg Dürnstein hoch über dem Tal der Donau hat um die Mitte des 12. Jahrhunderts Albero von Kuenring errichtet. Die Burgruine läßt noch Palas und Burgkapelle erkennen, nicht aber den Bergfried. Die Bedeutung der Burg kam zum Ausdruck, als sich in ihren Mauern 1192/93 der König von England Richard I. Löwenherz befand, den Herzog Leopold V. dem Kuenringer Hadmar II. zur Gefangenschaft übergeben hatte. Die Burg war nicht nur ein sicherer, sondern auch ein würdiger Aufenthaltsort für einen königlichen Gefangenen.

Gesundheitszustand des Herzogs von Steiermark zwang Herzog Leopold zur raschen Heimkehr. Später schiffte sich König Richard I. zur Heimfahrt ein, kam aber nur bis in die Gegend von Aquileja, wo sein Schiff strandete. Weiter mußte er den Landweg durch Steiermark und Österreich nehmen. In Erdberg bei Wien wurde er, trotz seiner Verkleidung als Pilger, erkannt und kam in die Hände Herzog Leopolds, der ihn seinem mächtigsten Ministerialen Hadmar II. von Kuenring zur Gefangenschaft in dessen Feste Dürnstein an der Donau übergab. Die Sage hat sich dieses Geschehens bemächtigt, und in weiterer Folge nahm sich auch die Kunst des Stoffes an. Von Johann Gabriel Seidl, dem Textdichter der österreichischen Kaiserhymne *Gott erhalte*, stammt die Ballade *Blondels Lied*, die nach der Sage die Episode von Richard Löwenherz mit dem Sänger Blondel beschreibt. Robert Schumann hat sie vertont. Verhandlungen zwischen Kaiser Heinrich VI. und Leopold V. führten zur Einigung über die Auslieferung des Königs von England. Am 28. März 1193 wurde er in Speyer dem Kaiser übergeben, der den Gefangenen auf die Burg Trifels bei Annweiler in der Pfalz bringen ließ.

Herzog Otakar IV. von Steiermark starb 1192. Auf Grund der *Georgenberger Handfeste* belehnte Kaiser Heinrich VI. auf dem Reichstag zu Worms Herzog Leopold V. und dessen Sohn Friedrich mit dem Herzogtum Steiermark. Ebenfalls zu Worms wurde 1193 der Vertrag von Kaiser Heinrich VI. mit König Richard I. über die Bedingungen für dessen Freilassung geschlossen. Der König von England mußte dem deutschen Kaiser die gewaltige Summe von 100.000 Mark Silber bezahlen, von denen die Hälfte Herzog Leopold zugedacht war. Für weitere 50.000 Mark waren vornehme Geiseln zu stellen. Nach Übergabe der 100.000 Mark und der Geiseln sollte König Richard freigelassen werden. Das geschah am 4. Februar 1194. Der dem Herzog Leopold V. zustehende Anteil am Lösegeld diente zur Befestigung und Erweiterung Wiens, zur Befestigung von Hainburg und zur Gründung von Wiener Neustadt.

In seinen letzten Regierungsjahren richtete Leopold V. eine Münzstätte in seiner Herzogsburg in Wien ein. Bald war sie die hervorragendste Prägestätte Österreichs, in der die sogenannten *Wiener Pfennige* geschlagen wurden. Grundlage für die Prägung dieser Silbermünzen soll der Leopold V. zustehende Anteil an dem Lösegeld für Richard Löwenherz gewesen sein. Es ist verständlich, daß der Herzog die Münzstätte nun in seiner sicheren Wiener Burg *Am Hof* unterbrachte. Die Kremser Münzstätte wurde bald danach geschlossen.

Leopold V., der schon unmittelbar nach der Belehnung mit der Steiermark in Graz eine große Landesversammlung abgehalten hatte, nahm am 26. Dezember 1194 ebenfalls in Graz an einem Turnier teil. Auf dem Eis stürzte er mit dem Pferde, das ihm ein Bein zerschmetterte. Nach einer ärztlichen Behandlung mit allerlei Pflastern und Arzneien trat

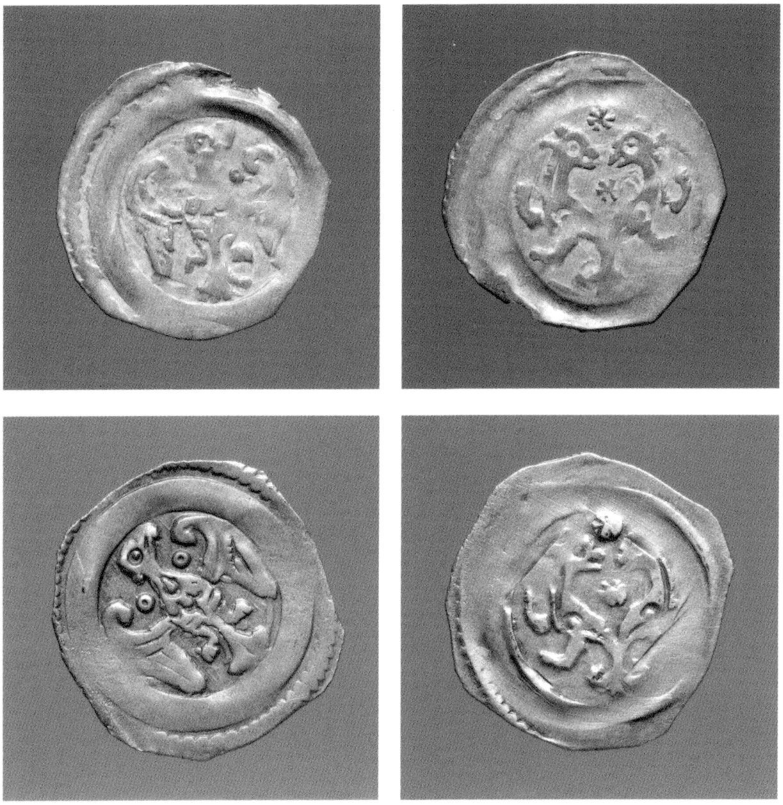

Zwei Wiener Pfennige aus der Zeit von Herzog Leopold VI., geschlagen in der Münzstätte Am Hof in Wien. In seinen letzten Regierungsjahren, also vor 1194, richtete Leopold V. in seiner Herzogsburg Am Hof eine Münzstätte ein, in der die sogenannten Wiener Pfennige geprägt wurden, Silbermünzen, die als Zahlungsmittel bald große Bedeutung erlangten. Abgebildet sind zwei Münzen und zwar die Vorderseiten mit dem Bild eines Adlers (links) und die Rückseiten mit dem Bild zweier mit dem Unterleib verwachsener Tiere (rechts).

Brand ein. Das Bein verfärbte sich dunkel. Eine Amputation schien nötig, wurde aber von Niemandem gewagt. Da gab der Herzog, von wilden Schmerzen gepeinigt, seinem Kämmerer den Auftrag, den Eingriff vorzunehmen. Er selbst hielt ein Messer auf die Bruchstelle, und nach dreimaligem Hammerschlag war das Bein abgetrennt. Danach begannen wieder die Bemühungen der Ärzte, die aber nicht verhindern konnten, daß der Herzog am 31. Dezember mit 37 Jahren starb. Er ruht im Kapitelhaus von Heiligenkreuz. Vor seinem Ende entschied Herzog Leopold V., daß sein älterer Sohn Friedrich Österreich, der jüngere Sohn Leopold die Steiermark erhalten solle. Friedrich trat nach dem Tod seines Vaters als Friedrich I. 1195 die Herrschaft im Herzogtum Österreich an, starb aber schon 1198 auf der Heimreise vom Kreuzzug. In Heiligenkreuz fand er neben seinem Vater seine letzte Ruhestätte. Seinen Beinamen *der Katholische* wählte Sunthaim wohl in Hinblick auf die für ihn tödlich endende Pilgerfahrt ins Heilige Land. Nach Herzog Friedrichs I. Tod übernahm dessen jüngerer Bruder Leopold VI. zusätzlich zur Regierung über die Steiermark auch jene über Österreich. Damit war die Trennung von Österreich und Steiermark wieder aufgehoben.

Das stark restaurierte Burgtor der Burgruine auf dem Hainburger Schloßberg.

Weitere Residenzen der Babenberger im Osten: Hainburg, Wiener Neustadt, Starhemberg

Auf dem Reichstag zu Nürnberg 1050 wurde zur Sicherung der Südostgrenze des Reiches die Anlage eines Festungsgürtels beschlossen. Zuerst entstand die Feste Hainburg. Die Burg von Deutsch-Altenburg – heute Bad Deutsch-Altenburg – wurde abgetragen und auf dem Hainburger Schloßberg als *Heimenburg* durch bayrische Hochadelige als vorgeschobene Operations- und Versorgungsbasis wieder aufgebaut. Als Reichsfeste war sie im Besitz des Königs, den sie auch mehrmals beherbergt haben soll. Im Jahre 1108 kam Markgraf Leopold III. durch eine kaiserliche Schenkung in den Besitz von Burg und Siedlung. Der Ausbau der Burg und die Anlage der Stadtbefestigung begannen unter Herzog Leopold V. Leopold VI. baute die Burg in mehreren Phasen repräsentativ zum landesfürstlichen Wohn- und Herrschaftssitz aus. Sein erster wichtiger Aufenthalt in der Burg war im Jahre 1200, als er hier seine örtlichen Ministerialen versammelte. Im Jahre 1226 bezog seine Gemahlin Herzogin Theodora ein Gebäude an der Innenseite der Stadtbefestigung, das sogenannte *Haus der Theodora.* Als Aufenthalt diente die Burg 1243 Herzog Friedrich II., auf den große Teile der Stadtbefestigung zurückgehen. Im Jahre 1252 fand auf der Hainburg die Hochzeit der Schwester Friedrichs II., Margarete, mit dem Sohn von Böhmenkönig Wenzel I., Przemysl Ottokar in prunkvoller Weise statt. Heute ist die Burg nur mehr als Ruine erhalten.

Hainburg gehört wie Wiener Neustadt zu den Gründungsstädten der Babenbergerzeit. Sie hat die monumentalste, weitestgehend erhaltene Stadtbefestigungsanlage ihrer Zeit in Mitteleuropa. Die Hauptbauphase war um 1230/40 mit der Errichtung von Ungartor und Wienertor abgeschlossen. Die Stadtmauer ist bis 12 Meter hoch und über 2 Meter dick. In ihrem Verlauf befanden sich 16 Türme und 4 Tore, von denen das Wienertor das bedeutendste österreichische Stadttor des 13. Jahrhunderts ist.

Kurz vor seinem Tod 1194 verhandelte Herzog Leopold V. mit seinen Ministerialen bei Fischau über die Erbauung einer neuen Stadt in der Grafschaft Pitten auf damals steirischem Boden. Die Grafschaft gehörte den steirischen Otakaren und kam nach deren Aussterben 1192 in den Besitz der Babenberger. Zur Finanzierung der Stadtgründung diente ein Teil des Lösegeldes für König Richard I. Löwenherz. Die Stadt

Ein Turm der Stadtbefestigung von Hainburg. Links daneben sind die Reste des Hauses der Theodora zu sehen, das die Gemahlin von Herzog Leopold VI. im Jahre 1226 bezog.

Das Ungartor, ein unter Herzog Friedrich II. entstandenes, danach mehrmals baulich verändertes Stadttor Hainburgs.

Das Wienertor der Stadtbefestigung von Hainburg. Es ist das bedeutendste Stadttor Niederösterreichs aus dem 13. Jahrhundert und geht auf Herzog Friedrich II. zurück. Das Tor ist mit einem schweren Fallgatter zu verschließen. In der zweiten Hälfte des 13. Jahrhunderts wurde es um zwei Wehrgeschoße erhöht, wobei als Baumaterial an die Stelle der markanten Buckelquader kleinere Bruchsteine traten. Die Aufnahme entstand 1901.

hieß zunächst *Neustadt* und erhielt erst später den heutigen Namen. Sie sollte die Neustädter Pforte zwischen Rosalien- und Leithagebirge gegen Einfälle aus dem Osten sichern und den Zugang zu den in das Steinfeld mündenden Tälern von Pitten, Schwarza, Piesting und Triesting wie auch die Wege über Wechsel und Semmering sperren. Ausbau und Verlegung bestehender Straßen bewirkten eine verkehrsmäßige Erschließung des Gebietes um die Stadt. An Stelle eines schützenden Gebirgszuges oder Wasserlaufes umgab die Stadt eine feste hohe Mauer mit einem Wassergraben, der das Heranführen von Belagerungsmaschinen an die Stadtmauer und deren Untergraben verhindern sollte. Der Stadtgraben wurde von einem künstlichen Gerinne gespeist, das auch für die Wasserversorgung der Stadt gedacht war. Der Bau der Stadtmauer begann kurz nach dem Regierungsantritt Leopolds VI. in

Die ehemalige Babenbergerburg in Wiener Neustadt. In der ersten Hälfte des 13. Jahrhunderts entstand in der Südostecke der Stadtbefestigung eine viertürmige Kastellburg, die später den Habsburgern als Residenz diente, vor allem Herzog Leopold III. und Kaiser Friedrich III. Kaiserin Maria Theresia widmete die Burg als Heimstätte der Militärakademie. Der Nordwestturm, Rákóczy-Turm genannt, links im Bild ist als einziger der vier Ecktürme der Babenbergerburg im wesentlichen erhalten geblieben.

der Steiermark 1195. Die im Rechteck geführte Mauer war an vier Stellen von Stadttoren unterbrochen. Von Tor zu Tor führten durch die Stadt zwei Hauptstraßen, an deren Kreuzungspunkt ein großer Platz – der heutige Hauptplatz – angelegt wurde. An den vier Ecken erhielt die Stadtmauer starke Türme, dazwischen kleinere. In der Stadt entwickelte sich eine rege Bautätigkeit. Bevor die Burg an der Stadtmauer gebaut war, ließ Leopold VI. für seine Hofhaltung an der Stelle der Probstei am später so genannten Domplatz ein Gebäude errichten. Auf dem Domplatz begann der Bau der Stadtpfarrkirche, einer dreischiffigen Pfeilerbasilika mit zwei über 60 m hohen mächtigen Westtürmen.

In der Südostecke der Stadt entstand in der ersten Hälfte des 13. Jahrhunderts eine Viertürmeburg unter Einbeziehung der Stadtmauer und des mächtigen Eckturmes der Stadtbefestigung. Die anderen drei Tür-

Die Westseite des Innenhofes der Wiener Neustädter Burg wird beherrscht von der Hoffassade der Georgskirche, die auf Kaiser Friedrich III. zurückgeht. Bemerkenswert daran ist die sogenannte Wappenwand mit 107 reliefierten Wappen. Die Georgskirche ist die Ruhestätte Maximilians I. Sie befindet sich entsprechend dem Wunsch des Kaisers nach einer Grablege „zwischen Himmel und Erde“ über der Durchfahrt in den Burghof. Im Hintergrund rechts ist der Rákóczy-Turm sichtbar.

me wurden neu gebaut. Wie bei der damals errichteten Wiener Burg – zum Unterschied von der Herzogsburg *Am Hof* die *Neue Burg* genannt – lag bei der Neustädter Burg an der Stadtmauer der *Palas*. Die Neustädter Burg war die größte der um diese Zeit in Wien, *Neustadt* und Ebenfurth errichteten Viertürmeburgen. Weitere Vierkantburgen entstanden an der Verteidigungslinie gegen Osten in Bruck an der Leitha, Ebreichsdorf und Pottendorf. Der neue Burgentypus nahm in der Zeit Leopolds VI., aber auch noch Friedrichs II. eine dominierende Stellung in der landesfürstlichen Bautätigkeit ein.

Im Leben des letzten Babenbergers Friedrich II. hatte Wiener Neustadt besondere Bedeutung. Er soll in der Stadt geboren sein und die Burg an der Südostecke der Stadtbefestigung gebaut haben. In den Jahren 1236 und 1237, „als das Reich und fast die ganze Welt“ gegen ihn kämpften, fand er Schutz in der *allzeit Getreuen*, deren Bürger in Treue und Anhänglichkeit zum Herzog standen. Von hier gelang ihm die Rückeroberung seines Landes. Er belohnte die Bürger der Stadt 1239 mit der Mautfreiheit. Er war es wahrscheinlich auch, der die landesfürstliche Münzstätte von Fischau, wohin sie um 1160 von Neunkirchen gekommen war, nach *Neustadt* verlegte. Im Jahre 1238 ließ er hier die Hochzeit seiner jüngsten Schwester Gertrud mit Heinrich Raspe, Landgraf von Thüringen, dem späteren Gegenkönig ausrichten. Das um 1238 vollendete reich gestaltete sogenannte *Brauttor* der Stadtpfarrkirche soll an dieses Ereignis erinnern. Am Morgen des 15. Juni 1246 hielt Friedrich II. in *Neustadt* eine Heerschau, bevor er gegen die Ungarn zog. Am selben Tag fand er in einer für ihn siegreich verlaufenden Schlacht

Das sogenannte Brauttor der Pfarrkirche von Wiener Neustadt. Die mächtige Hauptpfarrkirche von Wiener Neustadt, eine dreischiffige Pfeilerbasilika mit monumentaler Doppelturmfassade, wurde noch zur Babenbergerzeit errichtet. Das reich gestaltete Brauttor an der Südseite des Langhauses soll anläßlich der Hochzeit von Herzog Leopolds VI. Tochter Gertrud mit dem Landgrafen von Thüringen 1238 entstanden sein.

den Tod. Sein Leichnam wurde in der *Neustädter* Pfarrkirche aufgebahrt und dann in Heiligenkreuz beigesetzt. Die landesfürstliche Stadtburg kam nach den Babenbergern in den Besitz der Habsburger, die hier ebenfalls zeitweise residierten, vor allem Herzog Leopold III. und Kaiser Friedrich III., der die Burg großartig umgestaltete und erweiterte. Sein Sohn, Kaiser Maximilian I. wurde hier geboren und ist in der Georgskirche der Burg begraben. Kaiserin Maria Theresia veranlaßte die Instandsetzung der Burg und Adaptierung zur Militärakademie. Vom Hofarchitekten Anton Hillebrandt ließ sie die Toranlage neu gestalten. Danach wurde die ehemalige Babenbergerburg noch mehrmals umgebaut und, nachdem ihr Bereich im Zweiten Weltkrieg von achtzig Fliegerbomben getroffen worden war, in den Jahren 1946 bis 1958 wieder aufgebaut.

Die Burg Starhemberg, auf einer Anhöhe über der Piesting gelegen, mit Ringmauer, Wohnturm, *Palas* und vorgelagerter Rundkapelle, war steirischer Ministerialenbesitz, bevor sie um 1192 – in diesem Jahr kam die Steiermark zu Österreich – in den Besitz der Babenberger gelangte. Herzog Friedrich II. legte unter anderem einen Torzwinger an und stockte die Rundkapelle zum *Bergfried* auf. Es entstanden repräsentative Wohnräume mit bedeutender baukünstlerischer Ausgestaltung. Die Burg war eine der ansehnlichsten des Landes geworden. In einem Papstbrief wird sogar erwähnt, Friedrich II. habe die Burg uneinnehmbar befestigt. Vermutlich ließ Friedrich II. bei seinem Rückzug 1236

Die Ruine der Burg Starhemberg. Eine der ansehnlichsten Burgen des Landes war Starhemberg an der Piesting nordwestlich von Wiener Neustadt. Um 1192 ist sie aus steirischem Ministerialenbesitz an die Babenberger gekommen. Herzog Friedrich II. ließ sie zu einer eindrucksvollen Anlage ausbauen, die als uneinnehmbar galt. Im Laufe der Jahrhunderte ist die Burg mehrmals umgebaut worden, und heute künden nur mehr Reste von der einstigen Pracht.

Der Rest der vom Babenberger Friedrich II. zum Bergfried aufgestockten Rundkapelle der Burg Starhemberg.

Die mächtigen Rippen eines eingeschlagenen oder eingestürzten Gewölbes, des sogenannten Schatzgewölbes, der Burg Starhemberg.

auch seinen bedeutenden Besitz an Kleinodien und die herzogliche Dokumentensammlung nach Starhemberg bringen. Die Burg hatte damit eine ähnliche Funktion wie die Reichsburg Trifels in der Pfalz, wo im 12. und 13. Jahrhundert die Reichskleinodien verwahrt wurden. Nach dem Tode Friedrichs erhielt dessen Schwester Margarete, der auch die Burg zugesprochen wurde, einen Teil des herzoglichen Schatzes. Im Türkenjahr 1683 war die Burg Zufluchtsort der Bevölkerung. Im 16. und 17. Jahrhundert wurde sie grundlegend umgebaut, seit dem 18. Jahrhundert verfiel sie. Nach schweren Beschädigungen durch Kriegshandlungen 1945 ist sie heute eine Ruine, doch sind noch interessante Reste erhalten, die von der einstigen Pracht des Gebäudes künden. Die Benennung der Burg hat mit dem Fürstengeschlecht gleichen Namens nichts zu tun, sondern bedeutet *starker Berg,* woraus im Laufe der Zeit Starhemberg wurde.

Auf dem Höhepunkt der babenbergischen Machtentfaltung: Die Neue Burg in Wien

Leopold VI., der 1198 zur Regierung über die Steiermark auch jene über Österreich erhielt, wählte zunächst Klosterneuburg als Residenz, allerdings nicht am Sitz seines Urgroßvaters Leopolds III. Gründe dafür mögen die höheren Ansprüche Leopolds VI. gewesen sein und der desolate Zustand, in dem sich das Gebäude nach einem Brand befand. Es entstand ein Palastkomplex mit der *Capella speciosa*, dem ersten Werk burgundischer Gotik in Österreich, geweiht 1222. Doch schon um diese Zeit verlegte Leopold VI. seine Hofhaltung wieder nach Wien. Für Klosterneuburg ging abermals eine glanzvolle Epoche zu Ende. Die mit rotem und weißem Marmor prächtig ausgestaltete und mit Schindeln aus Zinn und Blei gedeckte *Capella speciosa* wurde 1799 abgetragen. Das Material kam zum Gutteil nach Schloß Laxenburg und wurde dort in die neu errichtete Franzensburg eingebaut. In den Jahren 1953/54 ist das Fundamentmauerwerk der *Capella speciosa* vorübergehend und dann 2005 auf Dauer freigelegt worden. Seit 1977 ist auch die östliche *Palas*mauer freigelegt.

Leopold VI. ist der Stifter des Klosters Lilienfeld an der Traisen. Im Jahre 1202 fand die Grundsteinlegung statt, und 1206 zog der Konvent aus dem Mutterkloster Heiligenkreuz in Lilienfeld ein. Ende Juni 1217 weihte der Bischof von Passau in feierlicher Form die ersten vier Altäre der Stiftskirche. Unmittelbar danach brach Herzog Leopold von Lilienfeld aus zur Kreuzfahrt auf, begleitet von vielen österreichischen und steirischen Ministerialen, aber auch von den Minnesängern Bruder Wernher und Neidhard von Reuenthal. Er kehrte 1219 nach Österreich zurück und begann bald danach den Befestigungsring um Wien auf jenen Umfang zu erweitern, den dieser bis in das 19. Jahrhundert beibehielt. Wien war jetzt fünfmal so groß wie das ehemalige Römerlager. Die Freizonen zwischen den einzelnen Stadtteilen des 12. Jahrhunderts wurden in der Folge ausgefüllt, neue Stadtviertel kamen dazu. Maßgebend für die Entwicklung Wiens zur bedeutenden Handelsstadt des Mittelalters war das erste Wiener Stadtrecht Leopolds VI. von 1221, das unter anderem den Bürgern das Stapelrecht und den alleinigen Handel mit Ungarn verbriefte. Das Stapelrecht zwang auswärtige Kaufleute, ihre Waren innerhalb einer Aufenthaltszeit von zwei Monaten an Wiener Bürger zu veräußern. Die Handelsstadt Wien wurde nun weiter planmäßig ausgebaut. Unter anderem entstanden der Hohe Markt und der Neue Markt oder *Mehlmarkt*. An Handwerkern und Gewerbetreibenden befanden sich in der Stadt unter anderen Goldschmiede, Kürschner, Tuchschneider, Tuchfärber, Schuhmacher, Fleischhauer und Bäkker. Die Häuser waren noch zur Zeit Leopolds VI. und Friedrichs II. meist ebenerdig mit Wänden aus behauenem Rundholz, das Steildach darüber mit Stroh oder Schindeln gedeckt. Der Fußboden bestand aus gestampftem Lehm oder Steinplatten. Zu Beginn des 13. Jahrhunderts entstanden die ersten kleinen Steinhäuser mit ein oder zwei Fenstern zur Straße hin.

Rings um Wien tauchen zahlreiche Siedlungen aus dem Dunkel der Geschichte auf, die zum Teil wohl erst in der Babenbergerzeit entstanden: Baumgarten, Breitensee, Döbling, Dornbach, Erdberg, Grinzing, Gumpendorf, Heiligenstadt, Hernals, Hetzendorf, Hietzing, Hütteldorf, Kahlenbergerdorf, Matzleinsdorf, Meidling, Nußdorf, Ober-St.-Veit, Ottakring, Penzing, Pötzleinsdorf, Schwechat, Sievering, Simmering, Währing, Wieden. Nicht lange nach Ende der Babenbergerzeit beschreibt der Mönch Gutolf von Heiligenkreuz die Umgebung Wiens: *Am nördlichen Stadtrand fließt die Donau vorbei, auf den Berghängen im Norden gedeiht der Wein ... im Westen dehnt sich ein Jagdgebiet mit herrlichen Eichenwäldern aus, im Osten und Süden das Ackerland; dem Wasserlauf entlang gibt es blühende Gärten.*

Um 1220 begann Leopold VI. in Wien mit dem Bau seiner *Neuen Burg*, aus der sich das geschichtlich bedeutendste Bauwerk Österreichs entwickelte. Es wäre nicht zu verstehen, warum sich der baufreudige Herzog in Wien keine Residenz für seine glanzvolle Hofhaltung errichtet haben sollte, umso mehr, als die von ihm ab etwa 1220 geschaffene Stadtbefestigung eine Burg an ihrer gefährdetsten Stelle erforderte. Tatsächlich nahm die Burg von Wien den verteidigungsstrategisch wichtigsten Platz im Verlauf der Stadtbefestigung ein. Alle Belagerer von Matthias Corvinus über Sultan Soliman und Kara Mustafa bis zu Napoleon und 1848 Alfred Windischgraetz haben an diesem Befestigungsabschnitt zum Sturm auf die Stadt angesetzt.

Die Urheberschaft der Wiener Hofburg ist im Laufe der Jahrhunderte bis heute verschiedenen Herrschern zugeordnet worden. Der Humanist Johann Cuspinian (Spießheimer) 1553 und der Ordensgeistliche Matthias Fuhrmann 1770 haben als Erbauer der Hofburg Leopold VI. genannt, während der Leibarzt Ferdinands I. und Historiograph Dr. Wolfgang Lazius 1546 sowie der Schauspieler und Topograph Friedrich Wilhelm Weiskern 1770 die Urheberschaft Przemysl Ottokars II. annahmen. Nach Bekanntwerden des sogenannten Michaeler Stiftsbriefes von 1221, den Leopold Fischer 1772 veröffentlichte und in dem Leopold VI. von der Michaelerkirche als *ze nachst unser neu burg* spricht, galt

der Stiftsbrief als Beleg für die Erbauung der Hofburg durch Leopold VI. Dies nahmen unter anderen folgende Autoren – in chronologischer Reihenfolge – an, die sich zum Teil auf den Stiftsbrief beriefen: Arneth 1827, C. A. Schimmer 1844, Realis 1853, Karajan 1863, Bermann 1880, Kisch 1883, Lind 1886, Guglia 1892, K. E. Schimmer 1904, Mayreder 1905, List 1910 und Kralik-Schlitter 1912. Im Jahre 1912 hat Oskar von Mitis in seinen *Studien zum älteren österreichischen Urkundenwesen* die Echtheit des Michaeler Stiftsbriefes von 1221 begründet bezweifelt. Wenn damit der Stiftsbrief als Beleg für die Urheberschaft Leopolds VI. an der Hofburg zweifelhaft erschien, so war doch das Gegenteil nicht bewiesen. Folgende Autoren neigten daher weiter zu der Annahme der Erbauung der Hofburg durch Leopold VI.: Kralik 1916, Groner 1922, Petermann 1927, Müller-Guttenbrunn 1928, Kühnel 1976. Verschiedentlich wurde bis heute die Erbauung der Hofburg Przemysl Ottokar II. zugeschrieben, so von Dreger 1914, Schwertfeger 1923 und Kühnel 1964. Oettinger nahm 1951 den Standort der Burg dort an, wo später

Blick in den Nordteil des romanischen Hallenchores der Stiftskirche Lilienfeld. Ganz rechts ist im Hintergrund der barocke Hochaltar zu sehen, davor die Balustrade, unter der sich in romanischem Mauerwerk die Grüfte des Stifters Herzog Leopold VI. und seiner Tochter Königin Margarete befinden.

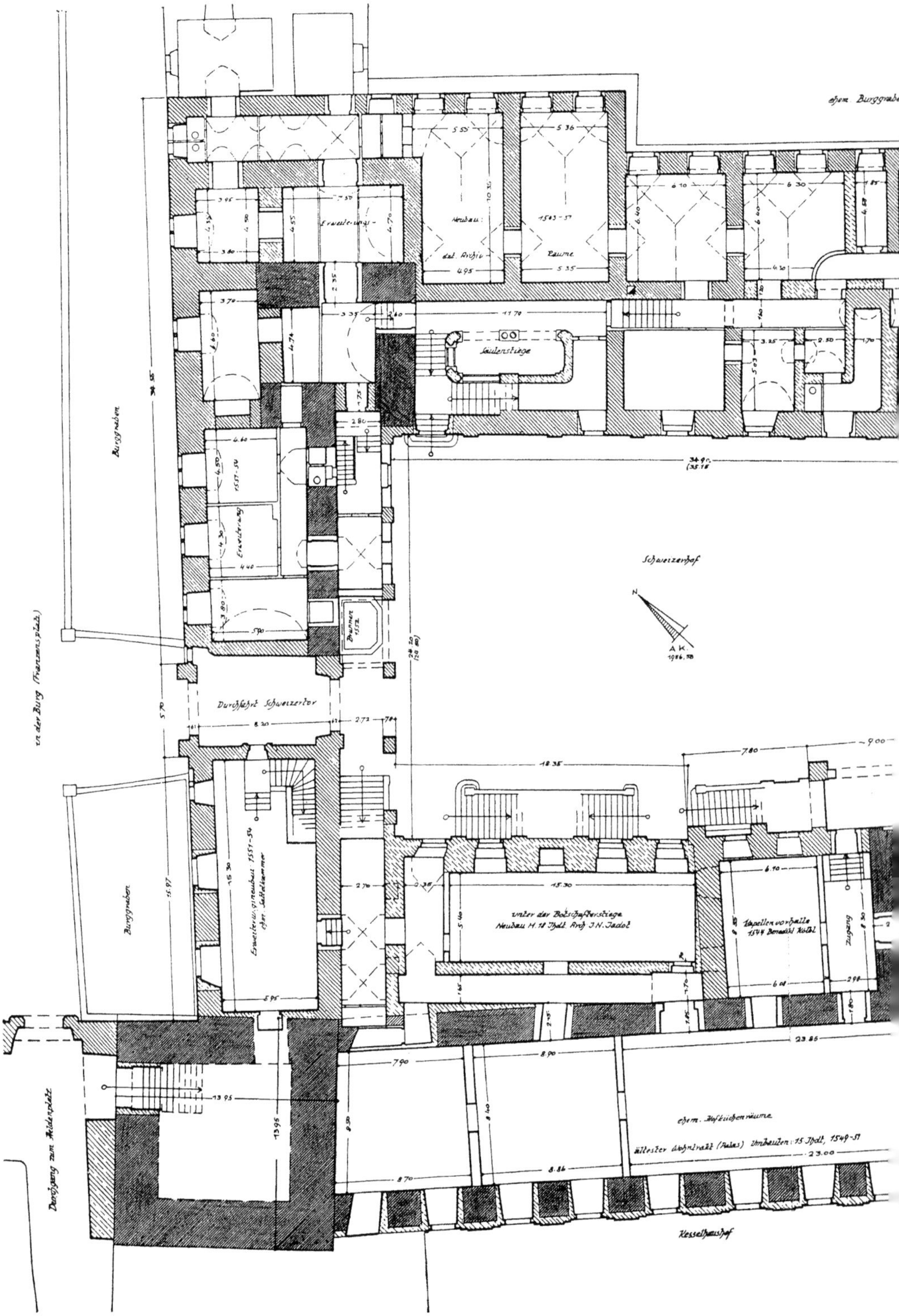
ehem. Burggraben
Neubau:
dzt. Archiv
Räume
Säulenstiege
Burggraben
Schweizerhof
Brunnen 1552
Durchfahrt Schweizertor
Kapellenvorhalle
Zugang
Kesselhaushof

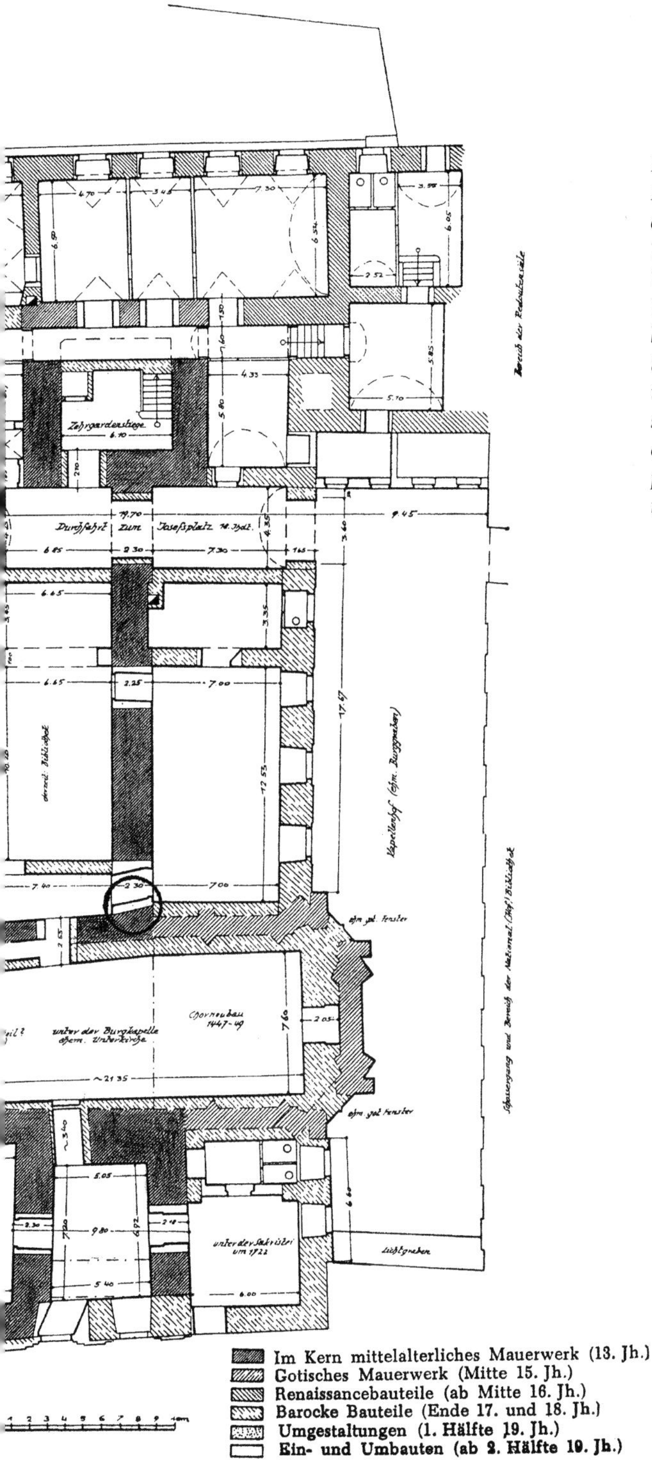

Der Erdgeschoßgrundriß der Alten Burg in Wien. Der Plan von Adalbert Klaar zeigt die Mauerteile aus der Babenbergerzeit dunkler hervorgehoben. Trotz starker baulicher Veränderungen sind die vier Türme noch erkennbar, ebenso der Palas zwischen West- und Südturm und neben diesem die Burgkapelle. Von den Mauern zwischen West-, Nord-, Ost- und Südturm sind nur mehr Reste vorhanden. Der Palastrakt ist dagegen nicht nur baulich, sondern auch in seiner Funktion weitgehend auf uns gekommen. Der eingetragene Kreis an der Nordostseite der Burgkapelle gibt die Stelle an, wo 1987 ein schmales romanisches Fenster freigelegt wurde.

die Stallburg errichtet wurde, wofür aber die jüngsten Grabungen im Hof der Stallburg keinen Anhaltspunkt gaben. Das erste Dokument, in dem eindeutig die Wiener Burg genannt wird, ist eine Urkunde Rudolfs I. von 1279. *In castro Wiennensi* heißt es darin. Dabei handelt es sich aber um ein Bestandsjahr, kein Erbauungsjahr.

Zur Gründung der Wiener Burg liegen übereinstimmende Forschungsergebnisse auf verschiedenen Gebieten vor. Adalbert Klaar schloß 1962 in seiner historisch ausgerichteten bautechnischen Untersuchung aus der mittelalterlichen Bauform und ihrem Zusammenhang mit der städtebaulichen Entwicklung Wiens, daß der älteste Teil der Wiener Hofburg spätestens im zweiten Viertel des 13. Jahrhunderts erbaut wurde. Klaar hat für zahlreiche Burgen fachkundig gezeichnete Baualterspläne geschaffen, die für die Burgenforschung unumgänglich sind. Auf Grund seiner 1958 vollendeten Baualterspläne der Alten Burg führt Klaar 1962 unter anderem sinngemäß aus: Die älteste Burg ist eine regelmäßige Vierkantburg, wie sie seit 1200 bei Gründungsstädten als Stadtburg an der Hauptangriffseite der ummauerten Stadt planmäßig errichtet wurde. Die vier an den Ecken vorspringenden Türme – ein Hauptturm und drei Trabantentürme – waren an der Stadtaußenseite durch den *Palas*, an den anderen drei Seiten durch Mauern von rund 2 Metern Dicke verbunden. Diese Mauerdicke erforderten die Wurfgeschoßmaschinen, die in der letzten Zeit der Kreuzzüge entwikkelt worden waren. Von den Türmen war als Hauptturm der stärkste und größte der Westturm, der auch als Wohnturm diente und neben dem durch den sogenannten Widmer-Torturm der Verkehr der Stadt in südwestlicher Richtung zog.

Zum gleichen Ergebnis wie Adalbert Klaar führte den Historiker Karl Lechner seine eingehende Quellenforschung, erstmals veröffentlicht 1976. Lechner kommt zu dem Schluß, „daß die Lage der neuen Herzogsburg gewiß in Zusammenhang mit der letzten großen Erweiterung und dem Ausbau der Stadt zwischen 1220 und 1230 durch Herzog Leopold VI. steht. Es ist die Viertürmeburg auf erhöhtem Platz, eingebaut in die Stadtmauer, wobei der stärkste Turm (*Bergfried*) an der gefährdeten Westecke steht, am Hauptverkehrsweg in südwestlicher Richtung gelegen; die anderen drei Türme sind sogenannte Trabantentürme. Die Ähnlichkeit mit den Burgen in Wiener Neustadt, Ebenfurth, Ebreichsdorf, Pottendorf und Bruck an der Leitha ist unverkennbar".

Adalbert Klaar hat im Jahre 1962 auch das Ergebnis seiner Untersuchungen an der Wiener Neustädter Burg veröffentlicht. Dabei verglich er die Neustädter Burg mit der *Neuen Burg* in Wien und der Burg Ebenfurth. „Die Übereinstimmung der drei genannten Bauten innerhalb einer kurzen Strecke von rund 50 km in einem gleichgearteten Grenzraum", so führt Klaar aus, „läßt auf eine gleichmäßig ausgerichtete Pla-

Das schmale romanische Rundbogenfenster mit Trichterleibung, das 1987 im Erdgeschoß der Alten Burg in einer über 2 Meter dicken Mauer freigelegt wurde.

Am Eingang zur Schatzkammer sieht der Besucher das um 1220 entstandene und nun freiliegende romanische Schlitzfenster.

nung schließen. Mit der formalen Übereinstimmung von Bautype, Ausmaßen und Mauertechnik wird auch eine Übereinstimmung in der Erbauungszeit bestehen. (...) Die Zeitverhältnisse zwischen 1250 und 1280 waren weder unter Ottokar von Böhmen, noch unter den ersten Habsburgern geeignet, eine neue großzügige Planung einzuleiten, wie dies die beiden letzten babenbergischen Herzöge getan und ins Werk setzen konnten. (...) Das große Konzept der Grenzsicherung und damit sein Burgenbauprogramm muß den Babenbergern, vor allem noch Leopold VI. zuerkannt werden."

Die Urheberschaft Leopolds VI. an der Wiener *Neuen Burg* ist schließlich baugeschichtlich bestätigt worden: Bei Bauarbeiten wurde 1987 an der Südostseite der Alten Burg ein romanisches Fenster aus dem frühen 13. Jahrhundert freigelegt. Es befindet sich im Erdgeschoß in der heutigen Mittelmauer des Südosttraktes und stammt nach seiner Lage aus der Zeit, als diese Mauer vom Ostturm bis zum Südturm reichte. Das Ergebnis der diesbezüglichen bauhistorischen Untersuchungen des früh verstorbenen Abteilungsleiters des Bundesdenkmalamtes Marian Farka wurde 1987 veröffentlicht.

Die Westseite der Wiener Michaelerkirche im Jahre 1724. Die Michaelerkirche ist unter dem Babenbergerherzog Leopold VI. nahe dessen Neuer Burg als Hofpfarrkirche erbaut worden, was sie bis 1784 blieb. Hinter dem Vorbau von 1724 befindet sich das romanische Westportal. Turm und Mauern ganz rechts im Bild liegen am heutigen Michaelerplatz und begrenzten das Paradisgärtl der Burg.

Alois Kieslinger 1951 nach Auffinden des reich gegliederten Bogens über dem romanischen Westportal der Michaelerkirche, der hinter dem Vorbau von 1724 verborgen ist.

Es ist naheliegend, daß gleichzeitig mit der *Neuen Burg* die Michaelerkirche als Hofkirche entstand, die sie dann bis 1784 blieb. Der Kunsthistoriker Karl Ginhart schließt schon 1944 aus der Form der Säulenkapitelle und der Schlußsteine in den Seitenschiffen, daß der Bau der Michaelerkirche um 1220 begonnen habe. Ginhart weist auf den als Fälschung erkannten Michaeler Stiftsbrief von 1221 hin, nach dem die *Neue Burg* damals schon bestand oder zumindest im Bau gewesen war. „Gefälscht ist", wie Ginhart ausführt, „der pfarrechtliche Inhalt der Urkunde. Aber deshalb brauchen die Gründungsdaten nicht falsch zu sein! Sie stimmen so vorzüglich zum Formenbefund der Kirche, wie man es sich nicht besser wünschen kann." Alois Kieslinger, der sich in hervorragender Weise mit der Verwendung von Naturstein bei historischen Gebäuden beschäftigte, entdeckte 1951 im Zuge seiner bautechnischen Untersuchungen den reichgegliederten romanischen Bogen über dem Westportal und fand damit den Baubeginn der Kirche um 1220 bestätigt. Groner schreibt 1922, die Michaelerkirche „wurde 1219–1221 durch Herzog Leopold den Glorreichen anläßlich der Erbauung der neuen Herzogsburg als Kirche für das Hofgesinde erbaut". Und bei Petermann heißt es 1927: „... es ist ... höchstwahrscheinlich, daß auch die Erbauung der Michaelerkirche und der Baubeginn der neuen Herzogsburg in die Ära Leopolds VI. fallen". Diese beiden Annahmen sind also in der Zwischenzeit durch die Forschungsarbeiten von Ginhart und Kieslinger wie auch von Klaar, Lechner und Farka auf verschiedenen Wegen bestätigt worden.

Leopold VI. der Glorreiche hat demnach nicht nur die Entwicklung Wiens wesentlich beeinflußt, er gründete auch jenen Fürstenhof, aus dem sich bis zum Ersten Weltkrieg eine Kaiserresidenz von eineinhalb Millionen Kubikmeter umbauten Raumes entwickelte. Ebenso war das von den Babenbergern geschaffene Österreich das Kernland einer sich bildenden Großmacht, die bis 1918 bestand. Die stete Anpassung der Babenbergerburg an die im Laufe der Zeit sich ändernden räumlichen Bedürfnisse hat manches Alte zerstört, andererseits aber die Nutzung des Gebäudes durch die Jahrhunderte möglich gemacht. Leopold VI. baute die *Neue Burg* aus strategischen Gründen, wohl aber auch, weil die Herzogsburg *Am Hof* seiner Hofhaltung nicht mehr genügte.

Leopold VI. hat wesentlich zur Beilegung eines Streites zwischen Kaiser Friedrich II. und dem Papst beigetragen. Der schließlich in Ceprano geschlossene Friedensvertrag wurde am 23. Juli 1230 in San Germano bei Monte Cassino beurkundet. Fünf Tage später erlag der Herzog in San Germano einer heimtückischen Krankheit. Seine Gebeine kamen nach Lilienfeld und wurden dort am 30. November in der Stiftskirche beigesetzt. Leopold VI. war der bedeutendste Fürst aus dem babenbergischen Haus. Der Beiname *der Glorreiche* findet sich zuerst Ende des 13. Jahrhunderts in der *Contimatio Praedicatorum Vindobonensium.* Trotz der Wirren in Europa hatte er durch eine beständige kaisertreue Politik das Ansehen seines Landes gefestigt. Seine Residenzstadt Wien erlebte unter ihm einen gewaltigen Aufstieg.

Der erstgeborene Sohn von Leopold VI. gleichen Namens stürzte 1216 als Neunjähriger in Klosterneuburg, wo er in der Klosterschule Unterricht erhielt, von einem Baum und starb. Der zweitälteste Sohn Heinrich, der zeitlebens in schwerem Gegensatz zu seiner Familie stand und später *der Grausame* genannt wurde, starb 1228. Der einzige Sohn, den Leopold VI. hinterließ, war der kaum 20-jährige Friedrich, der unmittelbar nach dem Tode des Vaters als Friedrich II. die Regierung in Österreich und Steiermark antrat. Er war politisch und strategisch hochbegabt, jedoch unüberlegt und jäh in seinen Entschlüssen und Handlungen. Aber seine energische, tapfere Haltung konnte ihn und sein Land vor Unheil bewahren, ja er brachte das Herzogtum Österreich sogar dem Königtum nahe. Der Beiname *der Streitbare* ergibt sich wohl aus dem Lebensweg Friedrichs II. und wurde wahrscheinlich von Sunthaim erdacht.

Friedrich stand mit Böhmen wie auch mit Ungarn in Grenzkämpfen. Aber trotz der nicht nur von Böhmen und Ungarn gegen ihn erhobenen Klagen folgte er nicht den kaiserlichen Einladungen zu Hoftagen. Schließlich wurde er geächtet und seiner Reichslehen für verlustig erklärt. Jetzt drangen die Böhmen von Norden und die Bayern von Westen in die Länder Friedrichs ein. Der Herzog mußte sich nach dem Nordosten der damaligen Steiermark, dem heutigen Südosten Niederösterreichs zurückziehen, nach Wiener Neustadt und in die Burg Starhemberg. Wien öffnete dem Böhmenkönig Wenzel I. seine Tore, und auch der Bayernherzog Otto zog in die Stadt ein.

Anfang 1237 kam Kaiser Friedrich II. nach Wien und hielt hier einen Hoftag. Die Reichslehen Österreich und Steiermark behielt er als Reichsland in seiner Hand. Wien machte er zur Hauptstadt dieses Reichslandes und verlieh ihr ein Stadtrecht als Reichsstadt. Das Stadtrecht Leopolds VI. von 1221 blieb wohl in Geltung, wurde aber mit Zusätzen versehen. Die Verwaltung der Herzogtümer Österreich und Steiermark übertrug er einem kaiserlichen Statthalter. Im April 1237 verließ der Kaiser Wien. Herzog Friedrich nutzte dies, um seine Herrschaft schrittweise zurückzugewinnen. Er erreichte einen Ausgleich mit Herzog Otto von Bayern sowie König Wenzel von Böhmen. Im Juni 1239 belagerte Herzog Friedrich Wien und bezwang die Stadt durch Hunger. Sie unterwarf sich Ende des Jahres. Von der kaiserlichen Stadtrechtsurkunde schnitt er die Goldbulle ab und machte sie so ungültig. Damit war Wien wieder eine landesfürstliche Stadt. Zur Zeit Friedrichs II. ging der Kirchenbau bei St. Stephan in Wien weiter. Das Riesentor entstand. Mitte des Jahres 1240 beendete Kaiser Friedrich II. die fünfjährigen Auseinandersetzungen mit einem Brief an Herzog Friedrich II., der sich in der Folge immer stärker als Landesherr behaupten konnte.

Herzog Friedrich blieb in zwei Ehen kinderlos. Unter diesen Umständen wollte sich Kaiser Friedrich II. mit Gertrud, der Nichte Herzog Friedrichs ehelich verbinden, um so die Nachfolge in den österreichischen Ländern zu erreichen. Im Frühjahr 1245 berief er den Herzog und dessen Nichte zu sich, um den Plan der Eheschließung zu besprechen. Die Gegenforderung des Herzogs war die erbliche Königswürde, wie sie 1198 der Böhmenherzog Przemysl Ottokar I. erhalten hatte. In Verona sollte Österreich zum Königreich erhoben werden und die Vermählung des Kaisers mit Gertrud stattfinden. Doch es erschien nur der Herzog in Verona, nicht aber Gertrud. Trotzdem dachte der Kaiser weiter daran, Österreich zum Königreich zu erheben.

Im Jahre 1246 kam es wieder zum Krieg mit den Ungarn, die mit einem großen Heer bis zur Leitha vordrangen. Herzog Friedrich zog den Ungarn entgegen. Nahe Ebenfurth kam es zur Schlacht, in der der 36-jährige Herzog fiel. Im Kapitelhaus des Klosters Heiligenkreuz fand er seine letzte Ruhestätte. Der Tod Herzog Friedrichs II. bedeutete einen schweren Einschnitt in der Geschichte Österreichs. Das Geschlecht der Babenberger in männlicher Linie war erloschen, jenes Herrschergeschlecht, unter dem sich die bajuwarische Grenzmark im Südosten des Reiches zu einem selbständigen Herzogtum entwickelt hatte, das bis zur Leitha und March im Osten und zur Thaya im Norden reichte. Mehr als vier Fünftel aller heutigen niederösterreichischen Siedlungen sind zur Babenbergerzeit entstanden, die ersten Marktrechte wurden erteilt, Städte gegründet oder ausgebaut. In Wien begannen sich die beiden historisch bedeutendsten Bauwerke Österreichs, die Stephanskirche und die spätere Kaiserburg zu entwickeln. Die Basis der weiteren staatlichen wie auch wirtschaftlichen und nicht zuletzt kulturellen Entwicklung Österreichs ist damit geschaffen worden, und hätte das Leben Herzog Friedrichs II. nicht im Kampf gegen die Ungarn jäh geendet, Österreich wäre unter den Babenbergern zum Königreich erhoben worden.

Zwei Frauen konnten auf Grund des *Privilegium minus* Anspruch auf das babenbergische Erbe erheben, und zwar Friedrichs Schwester Margarete und seine Nichte Gertrud, um die sich ja schon vor Herzog Friedrichs Tod Kaiser Friedrich II. bemüht hatte. Margarete ist eine erschütternde Frauengestalt der Babenbergerdynastie. Es begann zunächst vielversprechend, als es ihrem Vater Leopold VI. gelang, eine eheliche Verbindung zwischen ihr und König Heinrich (VII.), dem Sohn Kaiser Friedrichs II., zu stiften. Heinrich war 1222 in Aachen zum deutschen König gekrönt worden. Ende November 1225 fand in Nürnberg seine Hochzeit mit Margarete statt. Der König war ein vierzehnjähriger Knabe, seine Gemahlin eine etwa neunzehnjährige kraftvolle Frau. Margarete wurde 1227 in Aachen in Anwesenheit ihres Vaters zur deutschen Königin gekrönt. Aber es kam – wohl aus einer verständlichen Überforderung des Königs – zu einer Entfremdung des Königspaares. Heinrich betrieb sogar seine Scheidung von Margarete. Durch seine eigenmächtige Politik geriet er aber auch mehr und mehr in Gegensatz zu seinem Vater Friedrich II. Der Kaiser setzte ihn 1235 gefangen, zunächst in Deutschland und dann in Italien, wo 1242 sein Leben endete. Nach dem Tode ihres Gemahls kamen Margaretes Söhne Heinrich und Friedrich, die sie bis dahin bei sich erzogen hatte, zu ihrem Großvater Friedrich II. nach Italien, wo beide umkamen. Margarete trat in ein Kloster ein, das sie jedoch nach dem Tod ihres Bruders Herzog Friedrich II. wieder verließ. Sie wählte ihren Sitz in Hainburg. Hier wurde sie 1252 die Gemahlin des späteren Böhmenkönigs Przemysl Ottokar II., der mit ihrer Hand seine eben gewonnene Herrschaft über die babenbergischen Lande legitimieren wollte. Für Ottokar bedeutete die alternde Königswitwe nur einen Zuwachs an Macht. Die Ehe war denn auch fast noch unglücklicher als die von Margarete 27 Jahre zuvor geschlossene. Als Ottokar das babenbergische Erbe fest in seiner Hand zu halten glaubte, mußte sich Margarete, mehr oder minder verstoßen, nach Krumau am Kamp zurückziehen. Schließlich wurde die Ehe 1261 auf Betreiben Ottokars geschieden. Margarete starb 1266 auf Burg Krumau. Ihre letzte Ruhestätte fand sie nach ihrem Wunsch an der Seite ihres Vaters in Lilienfeld.

Über die Babenberger und ihre Zeit

Einiges Bemerkenswertes, das weder einer einzelnen Residenz noch einem einzelnen Babenberger zuzuordnen ist, soll angefügt werden. Zunächst ist das Rittertum zu nennen, das im Zeitalter der Babenberger seine höchste Blüte erreichte. Erziehung und Unterricht zum Ritter begannen schon im siebenten Lebensjahr. Der Knabe kam an einen Fürstenhof oder in das Haus eines fremden Ritters. Mit 14 Jahren wurde der Edelknabe, wenn er sich alles zu eigen gemacht hatte, was von ihm verlangt wurde, ein Knappe, der seinen Herrn in den Kampf begleitete. Mit etwa 21 Jahren konnte dann aus dem Knappen ein Ritter werden. Dazu bedurfte es des Ritterschlags, auch Schwertleite genannt, den man gerne von Fürsten oder Königen vornehmen ließ und der häufig zu großen Festen Anlaß gab. Selbstverständlich waren Mut, Verwegenheit und Draufgängertum unerläßlich für den Ritter, aber auch strenge Selbstzucht in allen Lebenslagen, die vor allem im Maßhalten zur Geltung kam. Nicht zuletzt bestimmte die Auffassung von Ehre und Pflicht die ritterliche Kultur.

Es waren größtenteils Ritter, die nach der Mitte des 12. Jahrhunderts als Minnesänger Dichtung und Musik pflegten. Zusammen mit den Babenbergerherzögen Leopold V., Friedrich I., Leopold VI. und Friedrich II. werden die Namen der bedeutendsten Minnesänger genannt, allen voran Walther von der Vogelweide, der ebenso wie sein Lehrer Reinmar von Hagenau in der Residenz von Leopold V. und Friedrich I. lebte und wirkte. Am Hofe Leopolds VI. finden wir die Minnesänger Bruder Wernher, Neidhard von Reuenthal und Reinmar der Zweter, die später auch am Hofe Friedrichs II. wirkten. Diesem galt eine ergreifende Totenklage des weitgereisten Minnesängers Tannhäuser, der lange Jahre am Hof Friedrichs II. gelebt und vom Herzog unter anderem ein Haus in Wien geschenkt erhalten hatte.

Friedrich II. bediente sich wie schon sein Vater Leopold VI. zur Abfassung von Urkunden einer Einrichtung, die wir heute als Kanzlei bezeichnen würden. Die Kanzleigeschäfte besorgten sogenannte Notare und Schreiber, vielfach Geistliche des Hochstiftes Passau. Zwei Kanzleiangehörige waren sogar herzogliche Leibärzte und zwar die Magister Heinrich und Symon. Ihre Ausbildung erhielten sie wohl an den Klöstern, denn die ältesten deutschen Universitäten mit einer medizinischen Fakultät sind erst 1348 in Prag und 1365 in Wien gegründet worden. Weil die Babenberger viel unterwegs waren und die Reisezeit lang war, begleiteten die Kanzleikräfte sie auch auf Reisen.

Das Babenbergerland durchzogen netzartig zahlreiche Verkehrswege, die wirtschaftliche und als Heerstraßen militärische Funktionen hatten. Auf ihnen zogen die Reisenden, auch dienten sie dem Ritt von Residenz zu Residenz. Zu Beginn der Babenbergerzeit war das Donautal die politische Mitte der Mark. Hier befanden sich die wichtigsten Verkehrswege und zwar der Strom selbst und die Donautalstraßen, die ihn nördlich und südlich begleiteten. An der südlichen Donautalstraße lagen Pöchlarn, Melk, Tulln, Klosterneuburg, Wien und Hainburg, also alle Babenbergerresidenzen mit Ausnahme von Gars-Thunau und Wiener Neustadt. Schon im Nibelungenlied, das um 1200 in Passau entstand und dessen Schöpfer die Straßenverhältnisse im Land gut gekannt haben muß, ist die südliche Donautalstraße als wichtigste West-Ost-Verbindung durch die Ostmark beschrieben. Königin Kriemhild, die von Passau aus reiste, kam in Pöchlarn mit ihrem Gefolge zur Residenz des Markgrafen Rüdiger. In Melk begrüßte sie der Burgherr Asolt. Dem Weg am Strom folgend ging es weiter nach Mautern. Bei Zeiselmauer empfing Hunnenkönig Etzel seine künftige Gemahlin, bei Hainburg schließlich wurde das Hunnenland erreicht.

Die Verkehrswege des Donautales waren der Ausgang für die Kolonisation des Landes, die militärische Aufmarschbasis gegen Osten und der Weg der Kreuzfahrer. Fürsten und Bischöfe reisten hier mit großem Gefolge und ansehnlichem Gepäck. Saumtiere trugen Truhen, in denen sich Geld, Waffen und Kleidungsstücke befanden. Auf der Donau, wo schon um 1200 ein reger Handelsverkehr herrschte, wur-

den neben Salz unter anderem Stoffe, Felle, Gewürze, Buntmetall und Waffen befördert. An Urfahren wurde die Donau überquert, worauf der Name Urfahr eines Ortes westlich Weitenegg hinweist.

Weitere wichtige Verkehrswege waren die Ungarnstraße, die Bernsteinstraße, der *Pleckete Weg*, der *Rittsteig*, die *Böhmstraße*, die Kamptalstraße, der bereits genannte *Polansteig*, der *Steinerne Weg*, der *Griessteig*, der *Beheimsteig*, sowie die Straßen über den Semmering und über den Seeberg. Wasserläufe wurden an Furten durchfahren. Daran erinern die Namen der Orte Furth südlich Mautern an der südlichen Donautalstraße und Ebenfurth an der Leitha. Die seinerzeitige Existenz von Brücken belegen unter anderem die Ortsnamen Bruck an der Leitha und Atzenbrugg. Bei Stift Zwettl ist eine Steinbrücke über den Kamp aus der Mitte des 12. Jahrhunderts auf uns gekommen. Sie ist ein bedeutendes, noch weitgehend erhaltenes bautechnisches Denkmal der Babenbergerzeit. Ihr Quaderbau besteht aus drei rundbogigen Jochen mit kielförmig zulaufenden Wellenbrechern vor den Flußpfeilern.

Reste des Rittsteiges im Bereich von Limberg (links) und Straning (rechts). Der Rittsteig, einer der Verkehrswege, die das Babenbergerland netzartig durchzogen, führte aus der Gegend von Krems über Mühlbach, Ravelsbach, Parisdorf, Limberg, Straning, Stoitzendorf, Röschitz, Schrattenthal nach Retz und weiter nach Znaim. Den Siedlungen wich er aus. Die Limberger nützten einen Teil des Rittsteiges später als Kellergasse.

Das Aussehen der einzelnen Babenberger ist unbekannt. Wohl waren im Laufe der Jahrhunderte die Herrscher und ihre Familien immer wieder Gegenstand bildlicher Darstellungen, die aber von der Auffassung und dem Können der Künstler ebenso bestimmt wurden wie von den politischen und kulturellen Gegebenheiten ihrer Zeit. Es sind frei erfundene Gestalten, die uns da begegnen. Echte, nach der Natur geschaffene Porträts sind erst seit dem 14. Jahrhundert bekannt. Die

Tabellarische Übersicht zur Babenbergerdynastie

	Beinamen	*Herrscher-generation*	*Gemahlinnen*	*Anzahl der Kinder*	*Würde*
Leopold I.	der Erlauchte	1	Richarda	8	Markgraf der Ostmark
Heinrich I.	der Starke	2	?	–	
Adalbert	der Siegreiche		1. Glismod 2. Froiza	2	
Ernst	der Tapfere	3	1. Suanhild 2. Adelheid	3	
Leopold II.	der Schöne	4	Itha	7	
Leopold III.	der Heilige	5	1. ? von Perg 2. Agnes	18	
Leopold IV.	der Freigiebige	6	Maria	–	
Heinrich II.	Jasomirgott		1. Gertrud 2. Theodora	4	Markgraf der Ostmark, ab 1156 Herzog von Österreich
Leopold V.	der Tugendhafte	7	Helena	3	Herzog von Österreich, ab 1192 auch von Steiermark
Friedrich I.	der Katholische	8	–	–	Herzog von Österreich
Leopold VI.	der Glorreiche		Theodora	7	Herzog von Steiermark, ab 1198 auch von Österreich
Friedrich II.	der Streitbare	9	1. Sophia 2. Agnes	-	Herzog von Österreich und von Steiermark

egierungszeit	*Hauptresidenzen*	*Todesjahr*	*Lebensalter*	*Todesursache*	*letzte Ruhestätte*
976–994	bis etwa 984 Pöchlarn, danach Melk	994	?	ermordet	Würzburg
994–1018	Melk	1018	?	natürlicher Tod	Melk
1018–1055	Melk	1055	über 60	natürlicher Tod	Melk
1055–1075	Melk	1075	etwa 50	im Kampf gefallen	Melk
1075–1095	Gars-Thunau	1095	etwa 45	natürlicher Tod	Gars-Thunau
1095–1136	bis etwa 1113 Gars-Thunau, danach Klosterneuburg	1136	etwa 60	Jagdunfall	Klosterneuburg
1136–1141	Klosterneuburg	1141	?	natürlicher Tod	Heiligenkreuz
1141–1177	bis 1156 Klosterneuburg, danach Wien, *Am Hof*	1177	63	im Kampf gefallen	Wien, *Schottenstift*
1177–1194	Wien, *Am Hof*	1194	37	Turnierunfall	Heiligenkreuz
1195–1198	Wien, *Am Hof*	1198	etwa 25	Tod auf dem Kreuzzug	Heiligenkreuz
195–1230	Klosterneuburg, danach Wien, *Neue Burg*	1230	54	natürlicher Tod	Lilienfeld
230–1246	Wien, *Neue Burg*	1246	36	im Kampf gefallen	Heiligenkreuz

Herzog Leopold VI., dargestellt auf dem um 1490 entstandenen Babenberger Stammbaum im Stift Klosterneuburg. Die frei erfundene Figur des Herzogs ist durch die Aufschrift und seine Attribute sowie die Geste des von ihm betriebenen Friedensschlusses zwischen Papst und Kaiser gekennzeichnet. Im Hintergrund erkennbar ist neben dem vom Herzog gegründeten Stift Lilienfeld die von seinem Vater Leopold V. gegründete und dann von ihm ausgebaute Stadt Wiener Neustadt mit der zweitürmigen Pfarrkirche und einem Turm der Burg.

Bilder von Kaiser Franz Joseph beispielsweise haben bedeutende Maler der Zeit wie Heinrich von Angeli, Franz Matsch und Hans Temple in Porträtsitzungen erarbeitet. Dagegen überliefert uns keines der Bilder von Babenbergern auch nur annähernd getreu die äußere Erscheinung der Person. Es wird daher auf die Wiedergabe der zahlreich vorhandenen Darstellungen der Babenberger verzichtet mit Ausnahme des als Beispiel dienenden Herzogs Leopold VI.

Ein Glasfenster mit der Darstellung Leopolds VI., das bis 1884 in Laxenburg aufbewahrt war und sich heute in der Stadtpfarrkirche von Steyr befindet, ist rund sieben Jahrzehnte nach dem Tod des Herzogs geschaffen worden. Auch der Schöpfer des um 1490 entstandenen Babenbergerstammbaumes konnte die von ihm Dargestellten nicht mehr gekannt haben. Es handelt sich also um keine Porträts. Die Babenberger sind nur durch die Beschriftung sowie Insignien, Attribute und Szenen aus ihrem Leben gekennzeichnet. In der Barockzeit gilt für die Darstellung der Babenberger der allgemein übliche Typus des Herrschers in Feldherrnpose. Ein um 1785 entstandenes Barockbild Leopolds VI. von Martin Johann Schmidt, dem Kremser Schmidt, besitzt das Stift Lilienfeld. Im 19. Jahrhundert schloß die damals aufkommende intensive Beschäftigung mit der Geschichte selbstverständlich die für Österreich so wichtige Zeit der Babenberger ein. Mit ihrem Leben befaßten sich unter anderen die Historienmaler Karl Russ, Ludwig Fer-

Herzog Leopold VI., dargestellt auf einem um 1300 entstandenen Glasfenster der Stadtpfarrkirche in Steyr. Leopold VI. ist durch die Beschriftung und das Modell der Stiftskirche von Lilienfeld zu seinen Füßen gekennzeichnet. Seine linke Hand stützt sich auf das Schwert, die rechte liegt am Tasselband des Mantels. Der Mantel ist pelzverbrämt, das Gewand verschiedenfarbig und reich verziert.

Herzog Leopold VI., dargestellt von Theodor Petter, einem Schüler Friedrich von Amerlings. Das Bild entstand 1847 für das Stift Lilienfeld und zeigt den Herzog in der Art der romantischen Ritterdarstellungen in Kettenhemd und Wappenrock vor einer Eiche stehend. Als weitere Teile seiner Rüstung sind Schwert, Helm und Schild gezeigt. In der Rechten hält er den Plan des Stiftes Lilienfeld.

Rechte Seite oben: Herzog Leopold VI., dargestellt 1836 auf einem Gemälde von Leander Russ mit dem Titel „Leopold VI. öffnet den Wiener Bürgern seine Schätze zur Förderung von Handel und Gewerbe". Auf die historische Richtigkeit der Darstellung wurde zu dieser Zeit wenig Wert gelegt. So schreibt Hanna Egger in ihrer inhaltlichen Analyse des Bildes: „Es bezieht die Gesamteinstellung aus der deutschen Romantik, die räumlichen Mittel und architektonischen Details aus dem Klassizismus, die Kostüme und Physiognomien aus dem altdeutsch Dürerischen und dem Raffaelitischen, die Art der Milieuschilderung aber ergibt ein bürgerliches Bild mit Situationen wie bei Fendi oder Danhauser. Auch die einzelnen Details sind wahllos aus verschiedenen Epochen zusammengestellt. Die Szene, die in der Zeit um 1200 spielt, ist in einen Raum des 16. Jahrhunderts verlegt. Die Bürger, die um den Herzog gruppiert sind, tragen Gewänder des 16. Jahrhunderts, der Herzog ist als Ritter ‚verkleidet' in der Art, wie es im Theater des 19. Jahrhunderts üblich war. Im Hintergrund hängt ein spätgotischer Luster Van Eyck'scher Prägung über einem Tisch mit Tafelgeschirr des 17. Jahrhunderts. Im Vordergrund ist eine Geldtruhe zu sehen, so wie sie zur Zeit der Napoleonischen Kriege in Gebrauch war. Blicke und Gesten der beteiligten Personen sind von der theatralischen Lieblichkeit der Wiener Biedermeierbilder geprägt." Der Herzog ist nicht als Repräsentant der Macht, sondern als bürgerfreundlicher, gütiger Vater des Landes dargestellt.

Rechte Seite unten: Herzog Leopold VI., dargestellt 1872 von dem Historienmaler Josef Mathias Trenkwald. Die Szene zeigt die Rückkehr Leopolds VI. vom Kreuzzug 1219. Der Herzog reitet vor seinen Streitern auf das Wiener Stadttor zu, voran schreitet die Geistlichkeit. Das exakt und detailreich gemalte Bild entspricht der realistischen Geschichtsmalerei der zweiten Hälfte des 19. Jahrhunderts.

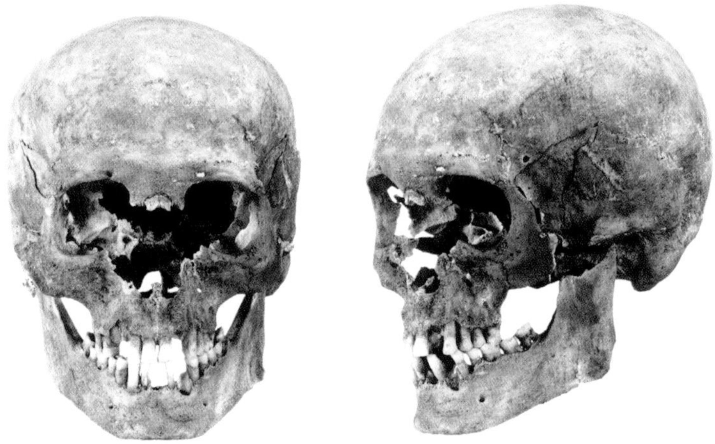

Der Schädel von Leopold VI. Nach anthropologischer Befundung war der Herzog 173 cm groß und eine kraftvolle Erscheinung. Er erreichte ein Alter von etwa 55 Jahren.

dinand Schnorr von Carolsfeld, Leopold Kupelwieser, Josef von Führich, Moritz von Schwind, der Sohn Leander von Karl Russ, Karl Rahl, Karl von Blaas und Josef Matthias Trenkwald. Bevorzugt wurden vor allem solche Szenen, die in unmittelbarer Beziehung zur österreichischen Landesgeschichte stehen. Auf die historische Richtigkeit der Darstellung wurde wenig Wert gelegt.

Die hier beispielhaft wiedergegebenen Bilder von Leopold VI. entsprechen den Vorstellungen der Künstler und ihrer Zeit. So zeigt der Vergleich eine verwirrende Vielfalt hinsichtlich Gesichtsausdruck, Haltung, Haartracht, Kleidung und Umfeld. Es gibt keine einzige dem Aussehen der Babenberger entsprechende Darstellung. Das um 1360 entstandene berühmte Bildnis des Habsburgers Herzog Rudolf IV. des Stifters gilt als das älteste Fürstenporträt der deutschen Malerei. Den Persönlichkeiten der Babenberger kann heute nur mehr außer aus ihrem Lebensbild anthropologisch nähergekommen werden, was auch in einzelnen Fällen möglich war. Im Jahre 1968 hatte eine Gruppe von Wissenschaftlern, darunter der erfahrene Anthropologe Johann Jungwirth und der Historiker Karl Lechner als bedeutender Kenner der Babenbergerzeit, die Möglichkeit zur Untersuchung der Skelette von in Melk bestatteten Babenbergern, wobei Erkenntnisse gewonnen werden konnten, die uns die äußere Erscheinung einzelner Babenberger näherbringen. Von den 15 Personen, deren Skelette oder Skeletteile in dem barocken Grabmal aus rotem Marmor in einem Seitenraum der Melker Stiftskirche vorgefunden wurden, konnten fünf eindeutig zugeordnet werden. Es handelt sich um Markgraf Adalbert und dessen zweite Gemahlin Froiza sowie Markgraf Ernst und dessen Gemahlinnen Suanhild und Adelheid.

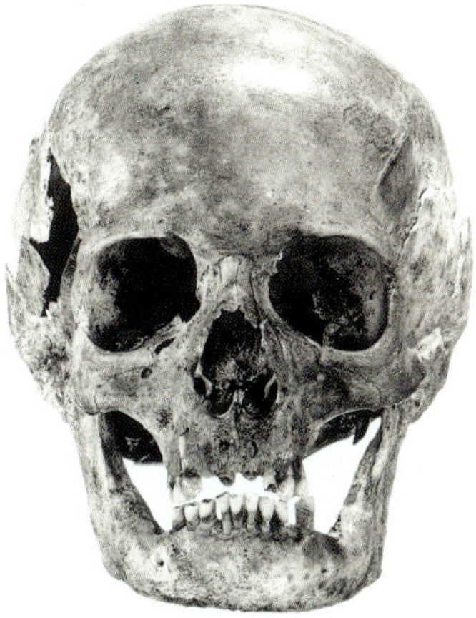

Der Schädel von Königin Margarete, der ältesten Tochter von Herzog Leopold VI. Die anthropologische Untersuchung des Skeletts ergab eine Körperhöhe von 166 cm und ein Alter von etwa 60 Jahren. Sie hatte ein für eine Frau ungewöhnlich robustes Körperskelett bei grazil gebautem Schädel.

Einer der beiden Zöpfe, die im Grab von Königin Margarete in der Stiftskirche Lilienfeld aufgefunden wurden. Nach den Schnittspuren dürften sie bereits zu Lebzeiten abgeschnitten worden sein. Weiße Haare finden sich nicht, was dafür spricht, daß die Zöpfe von einer jüngeren Frau stammen. Es könnte sich also um ihr eigenes, vielleicht anläßlich ihres Klostereintritts abgeschnittenes Haar handeln.

Im Jahre 1974 wurde bei Grabungen des Bundesdenkmalamtes in der Stiftskirche Lilienfeld, wieder im Beisein des Anthropologen Jungwirth, an der Nordseite des Presbyteriums zwischen der mittleren und der altarseitigen Säule unter der barocken Balustrade in romanischem Mauerwerk eine Gruft vorgefunden, die das Skelett eines etwa 55-jährigen Mannes enthielt. Für die Identifizierung als das Skelett Leopolds VI. sprachen die Lage des Grabes in der Bauschicht von 1230 und der Umstand, daß das Grab – wie es nur dem Stifter zukommt – dem Altar am nächsten liegt. Unweit des Grabes von Leopold VI. wurde eine gemauerte Gruft angetroffen, die offenbar das Skelett von Königin Margarete, der ältesten Tochter Leopolds VI., enthält. Für die Identifizierung sprachen die Lage im Altarbereich nächst dem Grab von Leopold VI., ein der Herzogsgruft sehr ähnlicher Grabbau, die zeitlich entsprechende Bauphase im Presbyterium sowie das Geschlecht und das Alter von etwa 60 Jahren. Im Grab von Margarete wurden zwei gut erhaltene Zöpfe aufgefunden.

Von der Bekleidung der Babenbergerzeit hat sich nichts erhalten. Es sind aber damals im deutschen Raum Werke der bildenden Kunst geschaffen worden, die deutsche Fürsten in der Kleidung der Babenbergerzeit zeigen. Um 1250 entstanden für den Naumburger Dom die beeindruckenden Figuren von Markgraf Ekkehard II. von Meißen und seiner Gemahlin Uta. Die edle Gestalt des Bamberger Reiters wurde um 1230/40 geschaffen. Die einzige bekannte Darstellung einer Babenbergerin aus ihrer Zeit fand sich in der Sechseckkapelle auf der Komburg bei Schwäbisch Hall. Es ist Herzog Leopolds VI. Tochter Margarete, die als Gemahlin König Heinrichs (VII.) bis zur deutschen Königin aufstieg. Im Jahre 1940 wurde ein Fresko freigelegt, das Margarete mit

Zur Bekleidung der Babenbergerzeit. Die Stifterfiguren von Markgraf Ekkehard II. von Meißen, gestorben 1046, und seiner Gemahlin Markgräfin Uta im Westchor des Domes zu Naumburg wurden um 1250 geschaffen. Der Mann trägt ein langärmeliges gegürtetes Untergewand, die Kotta, die bis ober die Füße reicht, während das Untergewand der Frau den Boden berührt. Mann und Frau tragen über der Kotta einen Mantel in Umhangform, den Tasselmantel, der von hinten über die Schultern gelegt und vorne mit dem sogenannten Tasselband zusammengehalten wird, das an beiden Mantelseiten mit den Tasseln befestigt ist. Bemerkenswert ist der hochstehende Mantelkragen von Uta, die über dem das Haar verhüllenden, straff unter das Kinn gelegten Kopftuch, dem Gebende, den Schapel mit Kronreif trägt. Der Mann trägt über seiner Lockenfrisur eine weiche Mütze.

ihrem ersten Gemahl Heinrich (VII.) zeigt. Es dürfte um 1225 entstanden sein, dem Hochzeitsjahr von Margarete und Heinrich (VII.). Das Gesicht von Margarete ist nicht mehr erkennbar, wohl aber ihre reiche fürstliche Kleidung, die wie folgt beschrieben wird: *Die knieende junge Dame trägt ein sehr langes, faltenreiches, weich fließendes Untergewand mit rosafarbenen Schatten und weiße Stoffschuhe, weiters ein von zartem Hellgrün nach Hellblau spielendes Obergewand mit breiten weißen Besätzen am tiefen Halsausschnitt und darüber schließlich einen purpurroten weiten Mantel mit*

Zur Bekleidung der Babenbergerzeit. Der Reiter im Ostchor des Bamberger Domes, entstanden um 1230/40, trägt über dem Rock den Tasselmantel, den er am Tasselband mit dem rechten Zeigefinger leicht nach vorne zieht. Sein Haar ist gelockt und lang.

Schleppe, der mit kräftigen handbreiten Goldborten gesäumt und innen hellgrün gefüttert ist. Weiter heißt es sinngemäß: Der Kopfschmuck besteht aus einem über die Schulter fallenden goldfarbenen Kopftuch, auf dem eine Krone mit breitem Reif und zwei sich kreuzenden Bügeln sitzt. Im Schnittpunkt dieser Bügel ist ein heller, auffallend großer, gefaßter Edelstein befestigt. Ein schwarzes Kronenhäubchen aus Leder oder Stoff wird zwischen Reif und Bügeln sichtbar. Diese Krone gleicht dem prunkvollen Kopfzierat deutscher Fürstinnen der Zeit.

Von der Wiener Neuen Burg der Babenberger zur Kaiserresidenz der Habsburger

Vorhergehende Doppelseite: Die mächtige Burggartenfassade der Neuen Burg, davor das Denkmal für Kaiser Franz I. Stephan von Lothringen, den Gemahl von Kaiserin Maria Theresia. Dieses älteste Reiterstandbild Wiens, 1781 von Balthasar Ferdinand Moll für das Paradeisgartl auf der Löwelbastei geschaffen, wurde 1819 in den Kaisergarten und heutigen Burggarten übertragen.

Nach den Babenbergern hat die Wiener *Neue Burg* über vier Jahrhunderte ihren Festungscharakter behalten. Die baulichen Erweiterungen in diesem Zeitraum galten ebenfalls als Burgen: die Stallburg und die Rudolfsburg, später Amalienburg, beide freistehend geschlossen um Innenhöfe angelegt. Der Leopoldinische Trakt, dessen Grundaushebung 1660 begann, ist zwar als *Leopoldinische Burg* bezeichnet worden und besitzt keinen einzigen Eingang an der Stadtaußenseite, hat aber schon den Charakter eines Palastes und nicht mehr den einer Burg. In den Jahrhunderten nach den Babenbergern hatte die *Neue Burg* ein wechselvolles Schicksal. Mehrmals war sie das Ziel zum Teil schwerer Angriffe. Nach dem Tod des letzten Babenbergers Friedrich II. wählten 1251 die österreichischen, 1252 die steirischen Adeligen den Sohn Ottokar des Böhmenkönigs Wenzel I. zum Herrscher über das babenbergische Erbe. Ottokar rückte sofort in Österreich ein. Seinem Vater folgte er 1253 als Ottokar II. auf den böhmischen Königsthron.

Im Jahre 1273 wählten die Kurfürsten Rudolf von Habsburg als Rudolf I. zum deutschen König, dem sich Ottokar widersetzte. Doch als Rudolf 1276 mit einem deutschen Heer vor Wien erschien, leistete er die Huldigung. Er empfing Böhmen und Mähren als deutsches Lehen, mußte aber auf die babenbergischen Lande verzichten. Ende November 1276 zog König Rudolf I. in Wien ein und blieb hier fünf Jahre. Im Jahre 1278 kam es mit Ottokar zum Kampf, in dem der Böhmenkönig bei Dürnkrut an der March starb. König Rudolf I. belehnte 1282 seinen Sohn Albrecht als Albrecht I. mit Österreich und seinen gleichnamigen Sohn als Rudolf II. mit der Steiermark. Im Jahr darauf kamen die ehemaligen babenbergischen Länder an Albrecht allein, den ersten habsburgischen Herzog von Österreich. Von den deutschen Kurfürsten wurde er 1298 zum König gewählt. Nach ihm diente die Wiener Burg lange Zeit nur mehr vorübergehend dem Aufenthalt der Landesherren.

Erst Herzog Albrecht V., als deutscher König Albrecht II., residierte wieder in Wien. Nach seinem Tod 1439 wählten die deutschen Kurfürsten Herzog Friedrich V. als Friedrich III. zum König. Als erster Habsburger erhielt er 1452 in Rom die Kaiserwürde. Friedrich war nur Vetter zweiten Grades von Albrecht. Rechtsmäßiger Erbe Albrechts war dessen nachgeborener Sohn Ladislaus Posthumus, der aber schon 1457 mit 17 Jahren starb. Nach dem Ableben von Ladislaus, an dessen natürlichem Tod Zweifel bestehen, brach der Kampf um das albrechtinische Erbe zwischen Kaiser Friedrich III., seinem verschwenderischen Bruder Herzog Albrecht VI. und dem ebenfalls verschwenderischen tirolischen Vetter Herzog Sigmund mit großer Heftigkeit aus. Es war ein *Bruderzwist im Hause Habsburg* wie später der von Franz Grillparzer in Dramenform beeindruckend dargestellte Streit zwischen Kaiser Rudolf II. und dessen jüngerem Bruder, dem späteren Kaiser Matthias.

Bei den Auseinandersetzungen ging es auch um die Wiener Burg. Zunächst kam ein Teilungsvertrag für deren Räume zustande, der nur kurzfristigen Bestand haben sollte, der aber erstmals über die räumlichen Verhältnisse in der Burg Aufschluß gibt. Alle vier Türme der ehemaligen Babenbergerburg bestanden noch: der mächtige Westturm oder Rudolfsturm, in dessen Hauptgeschoß Rudolf IV. der Stifter 1339 zur Welt gekommen war, der Südturm oder Jungfrauenturm, der Ostturm oder Schneiderturm und der Nordturm oder Neue Turm. Zwischen West- und Südturm wird ein großer Tanzsaal genannt, ursprünglich wohl der *Palas*. Die ebenfalls genannte Burgkapelle neben dem Südturm hat Friedrich III. in den Formen der Gotik vergrößert und weitgehend umgestaltet. Im Südturm selbst wurden Kleinodien und Urkunden verwahrt. Über dem Burgtor, das im Bereich des heutigen Schweizertores lag, befand sich ein kleiner Torturm, in dem der Kaiser seine Bibliothek aufbewahrte. Weiters gab es eine stattliche Anzahl von Zimmern, Stuben und Kammern, die freilich nur zum Teil beheizbar waren. Im Nordwesttrakt werden drei Küchen genannt.

Die deutsche Kaiserkrone. Die Krone des heiligen römischen Reiches deutscher Nation wurde vermutlich anläßlich der Kaiserkrönung von Otto dem Großen 962 in einer deutschen Goldschmiedewerkstatt angefertigt. Friedrich V. war der erste Habsburger, der 1452 als Friedrich III. die Kaiserwürde erhielt. Franz II. (I.) legte sie 1806 zurück. Aufbewahrt ist die Krone in der Schatzkammer der Wiener Hofburg.

Aus der Hofburgkapelle. Ihre Vergrößerung und weitgehende Umgestaltung in den Formen der Gotik im 15. Jahrhundert geht auf Kaiser Friedrich III. zurück. Die hier wiedergegebene Innenansicht entstand 1901.

Friedrich III., durch ständige Fehden in arge finanzielle Bedrängnis geraten, ließ nicht nur Steuern in den Erblanden auflegen und hohe Zölle einheben, er bewirkte auch eine Münzverschlechterung, was eine Teuerung zur Folge hatte. Da der Kaiser den Beschwerden der Stadt Wien nicht entsprechen konnte, wurden er, seine Gemahlin Leonora und sein Sohn Maximilian, der spätere König und Kaiser Maximilian I., 1462 in der Burg von den Wienern eingeschlossen – nicht ohne das Zutun Albrechts VI. Am 16. Oktober begann die Belagerung. Die Wiener versuchten meist bei Nacht, von verschiedenen Seiten aus der Vorstadt und aus der Stadt gegen die Burg vorzustoßen, was aber die Wachsamkeit der Burgbesatzung immer wieder verhinderte. Durch Geschützfeuer wollten die Wiener im besonderen den für die Belagerten lebensnotwendigen Brunnen verschütten. Das gelang jedoch nicht, weil der Brunnen mit Bohlen abgedeckt worden war. Der Nordturm hingegen wurde arg beschädigt. Ein Geschoß riß ein Stück aus der

Turmwand heraus. Eine Küche und die Bäckerei wurden schwer getroffen. Die Kaiserin mußte mit ihrem weiblichen Gesinde fluchtartig ihre Gemächer verlassen und zog sich in zwei Räume nächst der Burgkapelle zurück. Der Versuch der Wiener, die Burg durch Stollen zu untergraben, wurde rechtzeitig entdeckt. Mit der Zeit machte aber den Belagerten der Mangel an Lebensmitteln zu schaffen. Hunde und Katzen, ja sogar ein zahmer Geier wanderten in die Bratpfannen. Nur ein Dachs und ein Rabe überlebten die Jagd nach Eßbarem. Als der dreijährige Maximilian Erbsen zu essen bekam, erklärte er, er habe schon genug davon. Man möge die Erbsen lieber dem Feinde geben. Nach wochenlanger Belagerung kam es zum Frieden, und am 4. Dezember 1462 konnte die kaiserliche Familie die Burg verlassen. Die Kaiserin zog mit dem kleinen Maximilian nach Wiener Neustadt, der Kaiser führte die Verhandlungen mit seinem Bruder Albrecht weiter. Der Bruderzwist endete aber erst, als Albrecht 1463 in der Hofburg jäh an einer Blutgeschwulst starb. Die Wiener wurden verpflichtet, die an der Burg entstandenen Belagerungsschäden zu beheben. Erst 1480 bezog Friedrich III. wieder die Wiener Burg und blieb hier drei Jahre.

Von 1485 bis 1490 herrschte in Wien Matthias Corvinus. Matthias, im selben Jahr wie Ladislaus Posthumus geboren, wurde nach dessen Tod 1457 zum ungarischen König gewählt. In Wien kam es 1470 zu einem prächtig inszenierten, aber ergebnislos verlaufenen Treffen des Ungarnkönigs mit Kaiser Friedrich III. An einen zu Ehren von Matthias Corvinus im Regensburger Hof am Lugeck abgehaltenen Ball, auf dem der König einen ungarischen Solotanz vorgeführt haben soll, erinnert eine Gedenktafel über dem Eingang zum Hause Bäckerstraße 1.

Im Jahre 1485 rückte nun Matthias Corvinus mit einer Streitmacht von Reitern gegen Wien vor. Die Stadt kapitulierte, und der damals 45-jährige Ungarnkönig zog mit großer Prunkentfaltung – in prachtvoller, mit Gold und Edelsteinen geschmückter Tracht seines Volkes – in Wien ein. Die Stadt und die österreichischen Stände leisteten ihm Eid und Huldigung. Matthias Corvinus, der nun den Titel Herzog von Österreich führte, entfaltete in den Jahren seiner Herrschaft über und in Wien eine reiche Hofhaltung. Sein Verhältnis zur Stadt war nicht feindlich. Am 6. April 1490 erlag Matthias Corvinus im Gemach des Ladislaus Posthumus in der Wiener Burg einem Gehirnschlag. Sein Leichnam wurde auf der Donau nach Stuhlweißenburg gebracht, die mittelalterliche Krönungs- und Begräbnisstätte der ungarischen Könige. Der Wiener Hof von Matthias Corvinus wurde aufgelöst. Nur einige wenige Ungarn blieben in der Burg als Besatzung zurück. Maximilian I. belagerte die Burg. Nach 10 Tagen des Kampfes, bei dem die Burg durch Beschuß starke Beschädigungen erlitt, erlangten die Ungarn freien Abzug. König Maximilian zog in die Burg ein, in der er als Dreijähriger

Kaiser Ferdinand I. regierte in Österreich von 1521 bis 1564. Er war der erste Habsburger, der Wien zu seiner ständigen Residenz wählte. Die Erweiterung und einheitliche Gestaltung der Alten Burg als Renaissanceschloß sowie die Errichtung der Stallburg gehen auf ihn zurück. Sein Bildnis in ganzer Figur schuf Johann Bocksberger d. Ä. Mitte des 16. Jahrhunderts.

eine Belagerung durch die Wiener erlebt hatte. Kaiser Friedrich III. überließ die Regierung seinem Sohn Maximilian und zog sich nach Linz zurück, wo er 1493 starb. Er ist in einem Hochgrab im Wiener Stephansdom beigesetzt.

Der erste Habsburger, der gestaltend in den Baubestand der Babenbergerburg eingriff und damit ihren Weiterbestand sicherte, war Ferdinand I. Er bekam 1521 in der Erbteilung mit seinem Bruder Kaiser Karl V. die österreichischen Erblande, wurde 1526 durch Erbschaft auch König von Böhmen und Ungarn sowie 1531 deutscher König. Nach Karls Rücktritt erhielt er 1556 in Frankfurt die Kaiserwürde. In der Zeit seiner Regentschaft fielen die Türken unter Sultan Soliman in das Land ein. Im Jahre 1529 belagerten sie Wien. Die Burg hat dabei durch Kanonengeschoße, vor allem aber durch die türkischen Minen gelitten. Der Nordturm neigte sich. Mit der Behebung der Schäden

Ritterspiele auf dem Burgplatz in Wien 1560, dargestellt von dem Nürnberger Hans Sebald Lautensack in Hans Francolinis Turnierbuch. Im Hintergrund ist der Nordwesttrakt der Alten Burg mit dem 1553 vollendeten Schweizertor zu sehen, links dahinter der Ostturm (Schneiderturm), rechts davon der Südturm (Jungfrauenturm) und weiter rechts anschließend an den Nordwesttrakt der mächtige Westturm (Rudolfsturm). Den durch die Türkenbelagerung von 1529 schwer beschädigten Nordturm ließ der kaiserliche Baumeister Johann Tscherte abtragen. Er ist in seinem unteren Teil noch erhalten, aber von jüngeren Anbauten ummantelt und daher von außen nicht mehr erkennbar. Der an den Westturm anschließende Widmertorturm ist durch einen dreigeschoßigen Flügelbau ersetzt. Der Leopoldinische Trakt besteht noch nicht. An der Stelle des Reichskanzleitraktes befinden sich kleinere Privathäuser.

wurde der kaiserliche Baumeister Johann Tscherte betraut, der schon die Befestigungsarbeiten vor und während der Belagerung Wiens geleitet hatte. Tscherte ließ Mauern unterfangen sowie den Nordturm zum Teil abtragen. Die fortdauernde Bedrohung durch die Türken, die Wien als *porta di tutta Germania* ansahen, zwang zur Sicherung der Stadt als Bollwerk gegen Osten. Schon 1530 begann um Wien die Anlage eines Befestigungsgürtels mit Basteien und Ravelins, ein gewaltiges Werk, dessen Ausführung über das Lebensende Ferdinands I. hinausging und große Mittel in Anspruch nahm. Die neuen Befestigungsanlagen der Stadt leisteten bei der zweiten Belagerung Wiens durch die Türken große Dienste und blieben im wesentlichen bis zum 19. Jahrhundert unverändert.

Stallburg, Rudolfsburg (Amalienburg), Leopoldinischer Trakt und Schönbrunn werden gebaut

Ferdinand I. entschloß sich um 1533, sein Hoflager endgültig nach Wien zu verlegen. Er ließ die Burg zu einem repräsentativen Gebäude in den Formen der Renaissance ausbauen. Zwischen West- und Nordturm entstand ein neuer Trakt mit dem 1553 vollendeten monumentalen Schweizertor, das dem Architekten Pietro Ferrabosco zugeschrieben wird. Ostturm und Burgkapelle wurden hofseitig der alten Burgmauer durch einen Trakt verbunden. Der babenbergische *Palas*trakt zwischen West- und Südturm, ein schmaler Baukörper von über 40 m Länge, dessen Außenwand die Stadtmauer war, erhielt eine neue Raumteilung. Nach Abbruch des Widmertorturmes baute Ferrabosco anschließend an den Westturm der Burg einen Flügelbau mit einem neuen Burgtor. Für die Hofhaltung seines Sohnes Maximilian ließ Kaiser Ferdinand I. an Stelle der unter Friedrich III. erbauten, um 1559 abgetragenen sogenannten *Öden Kirche,* deren Fundamente im Zuge archäologischer Grabungen 2004/05 vorübergehend freigelegt wur-

Blick in die Stallungen der Stallburg. Kaiser Maximilian II. zog, nachdem er 1564 die Kaiserwürde erhalten hatte, in die Alte Burg. Die Stallburg nutzte er als Marstall. Seit Karl VI. dienen die Stallungen für die Pferde der Spanischen Reitschule.

Der Arkadenhof der Stallburg, einer der schönsten Höfe Wiens. Die Stallburg erlitt 1945 durch Bombentreffer schwere Beschädigungen. Nach dem Wiederaufbau und der Regelung der Raumnutzungen wurden in den Jahren 1955 bis 1960 die durch über zwei Jahrhunderte vermauert gewesenen Arkaden freigelegt. Damit war der ursprüngliche Zustand der Stallburg wieder hergestellt.

den, das Renaissancegebäude der Stallburg errichten. Maximilian übersiedelte jedoch nach dem Tod Ferdinands I. und seiner Kaiserkrönung 1564 als Maximilian II. in die von seinem Vater ausgebaute ehemalige Babenbergerburg. Die Stallburg diente ihm als kaiserlicher Marstall.

Maximilian II., auch König von Böhmen und Ungarn, kam jedoch selten nach Wien. Sogar einen Teil der Reichsverwaltung ließ er nach Prag verlegen. In Wien lebte sein Sohn Erzherzog Ernst unvermählt als Statthalter in der Rudolfsburg, deren Bau um 1575 von Kaiser Maximilian II. für seinen ältesten Sohn Rudolf begonnen wurde. Rudolf aber, seit 1576 als Rudolf II. Kaiser, hat die Rudolfsburg nie bewohnt. Er residierte in Prag, wo er auch die österreichische Kaiserkrone als Hauskrone der Habsburger herstellen ließ. Später wohnte in der Rudolfsburg die Witwe Josephs I., Kaiserin Amalia, nach der der Bau schließlich benannt wurde. Von 1790 bis 1792 war die Amalienburg Wohnsitz Leopolds II.,

Die babenbergische Neue Burg und spätere Alte Burg in Wien als Hintergrund eines historischen Geschehens: Dem Kaiser Ferdinand II., der am 11. Juni 1619 von Protestanten in der Burg bedrängt wird, kommt eine Abteilung des Kürassier-Regiments Dampierre zu Hilfe. Sie sammelt sich vor dem Burgtor. Das Bild schuf Sigmund L'Allemand 1822.

von 1854 bis 1898 befand sich darin burghofseitig das Appartement der Kaiserin Elisabeth anschließend an Kaiser Franz Josephs Räume im Reichskanzleitrakt. Auch der letzte österreichische Kaiser Karl I. hatte in den kurzen zwei Jahren seiner Regentschaft sein Appartement in der Amalienburg.

Die unruhigen Zeiten, vor allem der Dreißigjährige Krieg, ließen Ferdinand II. und Ferdinand III. nur geringe Mittel zur Vergrößerung oder gar Verschönerung der Burg übrig. Das änderte sich unter Kaiser Leopold I., der in Österreich ab 1657 regierte und im folgenden Jahr die Kaiserwürde erhielt. Er residierte zunächst in der Alten Burg, wie die ehemalige Babenbergerburg seit Errichtung der Amalienburg genannt wurde. Im 1. Stock des Gebäudes standen ihm Wohnräume, im Bereich des babenbergischen *Palas* Repräsentationsräume als Trabantenstube, Ritterstube und Antekammer zur Verfügung. Im Jahre 1660 begann die Grundaushebung für den Bau eines Traktes zwischen Alter Burg und Amalienburg, dem nach ihm benannten Leopoldinischen Trakt. Leopold I. hatte durch den älteren Fischer von Erlach eine bautechnische und baukünstlerische Ausbildung erhalten, die seine Aufgabe als Bauherr erleichterte. Bei der Vermählung des Kaisers mit der Infantin Margareta Theresia von Spanien 1666 war der Trakt bereits vollendet und bezogen. Die Hochzeitsfeierlichkeiten, die am 5. Dezember 1666 begannen und am 21. Jänner 1667 ihr Ende fanden, zählen zu den großartigsten Festlichkeiten, die jemals in der Burg gefeiert wurden. Für die Aufführungen der Festoper *Il pomo d'oro* (Der goldene Apfel) von Marc

Kaiser Leopold I. regierte in Österreich von 1657 bis 1705. Der Trakt an der Südwestseite des Inneren Burgplatzes, den er erbauen ließ, trägt seinen Namen. Sein Bildnis schuf Benjamin von Block um 1672.

Antonio Cesti, die mit einer Huldigung für die junge Kaiserin endete, ließ Leopold I. von dem kaiserlichen Architekten Lodovico Burnacini ein eigenes Theater errichten. Der Holzbau stand auf der Kurtine vor der Burg. Als die Türken 1683 vor der Stadt erschienen, mußte er abgerissen werden.

In der Nacht vom 23. zum 24. Februar 1668 brannte der Leopoldinische Trakt vom Dach bis an den ersten Stock nieder. Kaiser und Kaiserin mußten in ihr Jagdschloß Ebersdorf – später Kaiserebersdorf – übersiedeln, bevor sie das 1. Stockwerk der Alten Burg beziehen konnten. Der Wiederaufbau des Leopoldinischen Traktes, der noch im selben Jahr begann, dauerte bis 1681. Sodann übersiedelten Kaiser und

Das Jagdschloß Ebersdorf, später Kaiserebersdorf, dargestellt 1725 von Salomon Kleiner. Es erlebte seine Glanzzeit unter Ferdinand II., der ein ebenerdiges Jagdschloß Maximilians I. großzügig ausbauen ließ.
Als in der Nacht vom 23. zum 24. Februar 1668 der Leopoldinische Trakt durch einen Brand weitgehend zerstört wurde, übersiedelten Kaiser Leopold I. und seine Gemahlin nach Ebersdorf. Im Jahre 1683 zerstörten die Türken das Schloß. Leopold I. ließ es danach wieder herstellen, und es blieb bis 1745 in kaiserlicher Verwendung.

Kaiserin zurück in den Leopoldinischen Trakt, wo später zumindest teilweise Joseph I., Karl VI., Maria Theresia mit ihrem Gemahl Franz I. Stephan sowie Joseph II., Leopold II., Franz II. (I.) und Ferdinand I. residierten. Eine Besonderheit des Leopoldinischen Traktes ist seine Unterkellerung. Drei Stockwerke in die Tiefe reicht der Keller, der von Anfang an zur Weinlagerung bestimmt war. Schon 1698 lieferte der Bindermeister Johann Zugk aus Mähren ein Riesenfaß, das, von massiven Löwen seitlich gestützt, auf geschweiften Bänken ruhte. Unter Kaiser Franz Joseph I. befanden sich in dem Keller neben Tischwein viele kostbare Sorten, insbesondere Tokayer Wein von den kaiserlichen Weingütern in Ungarn.

Im Jahre 1683 stießen die Türken unter Großwesir Kara Mustafa zum zweiten Mal gegen Wien vor. Anfang Juli bewegte sich eine ungeheure Streitmacht von Ungarn nach Westen. In den Abendstunden des 7. Juli verließ der Kaiser mit dem Hofkriegsrat Wien und entging so der Gefahr, zusammen mit den Spitzen des Staates und den obersten Behörden in der Stadt eingeschlossen und vielleicht gefangengenommen zu werden. Aber auch die Aufstellung eines Entsatzheeres war nur von außen möglich. In Wien setzte der Kaiser ein Geheimes Deputiertenkollegium ein, dem der Stadtkommandant Ernst Rüdiger Graf Starhemberg angehörte. Starhemberg hat sich als todesmutiger Kämpfer und ebenso als genialer Organisator der Verteidigung Wiens erwiesen. Der Kaiser fuhr nach Linz und weiter nach Aschach. Von dort erreichte er am 17. Juli mit dem Schiff Passau, wo er das *Allerhöchste Hoflager*

Oben: Der Burgplatz gegen die Amalienburg in einer Darstellung Salomon Kleiners von 1725. Links im Bild der Leopoldinische Trakt mit dem Vordach für die Burgwache, das bis nach dem Ende der Monarchie bestand, in Bildmitte die Amalienburg, rechts der Vorgängerbau des Reichskanzleitraktes. Ganz rechts ist der von Johann Lucas von Hildebrandt zu Ehren Kaiser Karls VI. geschaffene Triumphbogen dargestellt.

Unten: Der Burgplatz gegen die Alte Burg in einer Darstellung Salomon Kleiners von 1725. Links im Bild der Vorgängerbau des Reichskanzleitraktes, in Bildmitte die Alte Burg mit dem Schweizertor, rechts der Leopoldinische Trakt, dessen von vorne gesehen zweiter, mit einem Schutzdach überdeckter Eingang in den Hofweinkeller führt.

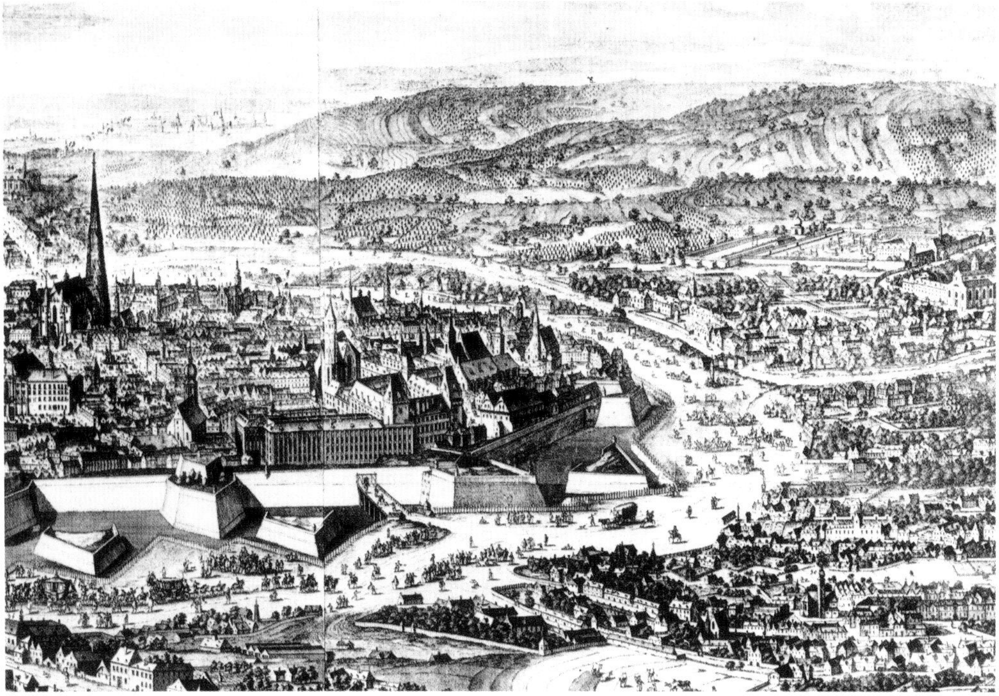

Vogelschaudarstellung Wiens von Volbert van Alten-Allen knapp vor der Zweiten Türkenbelagerung 1683. Der wiedergegebene Ausschnitt zeigt die Hofburg und davor die Stadtbefestigung. Vom Burgtor führt eine Brücke über den Stadtgraben auf das Glacis, die unverbaute Freifläche außerhalb der Stadtbefestigung. Im Zuge der Wiedner Hauptstraße liegt die Paulanerkirche (ganz rechts). Davor zweigt von dieser Straße die heutige Favoritenstraße ab, an deren linker Seite die kaiserliche Sommerresidenz Favorita zu sehen ist.

aufschlug. Schon am 14. Juli war das türkische Heer vor Wien erschienen und errichtete hier seine Zeltstadt. Starhemberg rief die Bürger zu den Waffen. Von den Stadttoren war nur mehr das Rotenturmtor für diejenigen passierbar, die noch fliehen wollten, bis die Türken am 17. Juli auch die Donauinsel davor besetzten. Damit war Wien eingeschlossen. Für die Stadt begann ein Kampf auf Leben und Tod, der fast zwei Monate dauerte. Bald war zu erkennen, daß sich der türkische Hauptangriff gegen den Befestigungsbereich vor der Burg richtete. Die Türken legten dort zunächst Laufgräben an, in denen sie bis zu den Vorwerken der Stadtbefestigung drangen. Am 20. Juli begannen sie mit dem Minenkrieg. Sie trieben Stollen bis unter den Burgravelin, die Burg- und die Löwelbastei vor und brachten dort Sprengladungen zur Explosion. Durch die entstandenen Breschen setzten sie zum Sturmangriff auf die Stadt an. Aber immer wieder gelang es den Belagerten, unter großen Verlusten auf beiden Seiten, die Angriffe abzuwehren. Ausfälle wurden unternommen, Gegenminen angelegt. Am 2. September tobte ein 24-stündiger Kampf um den Burgravelin, der nach Minensprengungen und Artilleriebeschuß nur mehr ein Trümmerhaufen war. Schließlich mußte das Befestigungswerk aufgegeben werden. Am 4. September riß eine türkische Mine eine breite Bresche in die Burgbastei, durch die 4.000 Janitscharen, die Elite des Türkenheeres, zum Sturm auf die Stadt ansetzten, erfolglos. Zwei Tage später richtete eine türkische Mine schweren Schaden an

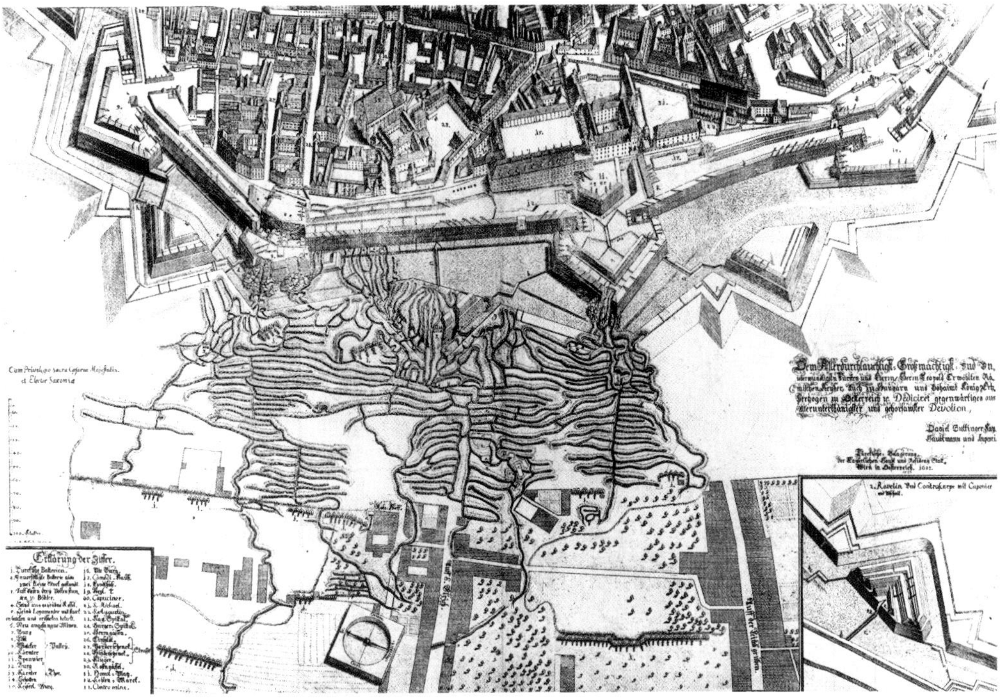

Wien 1684 in einer Darstellung von Daniel Suttinger. Der wiedergegebene Ausschnitt zeigt den der Belagerung von 1683 besonders ausgesetzten Burgbereich. Das Gelände ist hier von Laufgräben durchzogen, die bis an die Stadtbefestigungen heranreichen. Unter die Befestigungen führten Stollen, an deren Enden die Türken große Mengen Pulver zur Explosion brachten. Die Löwelbastei links im Bild und rechts davon der Burgravelin sind solcherart weitgehend zerstört worden, ebenso die Spitze der Burgbastei weiter rechts.

der Löwelbastei an. Auch hier gelang es, den folgenden Ansturm der Türken abzuwehren. Aber es war erkennbar, daß die Stadt nicht mehr lange gehalten werden konnte. Die Zahl ihrer Gefallenen und Verwundeten ging in die tausende. Dazu breitete sich die rote Ruhr in Wien aus. Sie ergriff auch den Stadtkommandanten, der im Kampf verwundet wurde. In den Straßen hinter Burg- und Löwelbastei wurde fieberhaft geschanzt. Türkische Kanonenkugeln schlugen in den Stephansdom, die Kapuzinerkirche und in den Melkerhof ein, vor allem aber in die Hofburg. Wie stark der Boden im Burgbereich durch die Stollen unterminiert wurde, zeigte sich, als 1890 die Kolossalgruppe des Theseus von Canova aus dem Theseustempel im Volksgarten in das Kunsthistorische Museum gebracht wurde und auf dem Weg einbrach. Dabei ging ein Marmorarm in Brüche.

Die Stadt war bereits in höchster Not, als sich die Entsatzarmee in der Ebene von Tulln sammelte. Die kaiserlichen Truppen unter Herzog Karl V. von Lothringen, dem Generalleutnant des Kaisers, und die Polen unter König Sobieski überschritten die Donau auf der Brücke bei Tulln, während die bayrischen, fränkischen, schwäbischen und sächsischen Einheiten unter ihren Landesherrn die Donaubrücke bei Krems-Mautern benutzten und auf dem rechten Donauufer nach Tulln kamen. Im Entsatzheer kämpfte als Freiwilliger der 20-jährige Prinz Eugen von Savoyen. Von Tulln zog das Entsatzheer Richtung Wien, ungefähr 75.000 Mann zu Pferde und zu Fuß mit 160 Geschützen. Am 11. September zeigte sich

Das Lustschloß Favorita auf der Wieden in einer Darstellung Salomon Kleiners von 1725. Die kaiserliche Sommerresidenz war unter Leopold I. und seinen Söhnen Joseph I. und Karl VI. Pflegestätte der Kunst und Schauplatz großartiger Feste. Kaiserin Maria Theresia widmete die Favorita als Heimstätte für die Theresianische Ritterakademie.

die Vorhut des Entsatzheeres bei der Leopoldskapelle auf dem Kahlenberg, dem heutigen Leopoldsberg, wie auch bei dem Kamaldulenserkloster auf dem heutigen Kahlenberg. Raketen wurden entzündet, die von den Wienern mit Raketen vom Stephansturm erwidert wurden. Großwesir Kara Mustafa stellte dem Entsatzheer über 100.000 Mann entgegen, während er 30.000 Mann in den Gräben vor der Stadt beließ. Am 12. September kam es zu einer mehrstündigen erbitterten Schlacht, nach der die Türken die Flucht ergriffen. Über Ofen zogen sie nach Belgrad, wo Kara Mustafa wegen seiner Niederlage erdrosselt wurde. Am 14. September hielt der Kaiser triumphalen Einzug in seiner befreiten Haupt- und Residenzstadt. Weil die Burg unbewohnbar war, übernachtete er in der Stallburg und fuhr am kommenden Tag nach Linz. Erst Anfang August 1684 war die Burg soweit wieder hergestellt, daß er darin Aufenthalt nehmen konnte. Starhemberg wurde zum Feldmarschall sowie Staats- und Konferenzminister ernannt. Er erhielt 100.000 Reichstaler und vom König von Spanien den Orden vom Goldenen Vließ.

Nachdem die Türkengefahr gebannt schien, konnte sich Leopold I. auch seinen Sommerresidenzen außerhalb der befestigten Stadt widmen. Das Schloß im Augarten, die *Alte Favorita* genannt, das der Türkeninvasion zum Opfer gefallen war, ließ er Anfang des 18. Jahrhunderts teilweise wieder aufbauen. Es diente seiner Witwe als Sommerresidenz. Ebenso ließ er die *Favorita* auf der Wieden, die 1683 beim Nahen der Türken niedergebrannt worden war, wieder aufbauen. In dem prachtvoll ausgestatteten Lustschloß verbrachten Leopold I., Joseph I. und Karl VI. den größten Teil des Sommers. Die *Favorita* wurde Schauplatz prunkhafter Festlichkeiten, im Sommer auch von Opernaufführungen, ebenso der Ort wichtiger politischer Ereignisse. So gab Leopold I. zu Ehren Zar Peters I., der im Juni 1698 nach Wien gekommen war, in der *Favorita* ein großes Maskenfest,

das bis 4 Uhr morgens dauerte und bei dem das Kaiserpaar als Wirt und Wirtin, der Zar als friesländischer Bauer auftraten.

Schloß Schönbrunn, von 1695 bis 1700 errichtet unter Leopold I. nach den Plänen Johann Bernhard Fischer von Erlachs. Das 1759/60 entstandene Gemälde von Bernardo Belotto, genannt Canaletto, zeigt das Schloß von der Ehrenhofseite nach seiner Umgestaltung und Erweiterung durch Nicolaus Pacassi.

In den Jahren 1695 bis 1700 wurde unter Leopold I. von Johann Bernhard Fischer von Erlach das Schloß Schönbrunn errichtet. Fischer von Erlach war 1694 kaiserlicher Hofarchitekt und -ingenieur geworden. Zu seinen Hauptwerken gehören im Wiener Raum außerhalb des kaiserlichen Bereiches die Karlskirche, das Winterpalais des Prinzen Eugen, später Finanzministerium, und das Palais Trautson, heute Justizministerium. Für Leopolds I. Sohn Karl VI., der Schönbrunn kaum besuchte, war Sommerresidenz die *Favorita* auf der Wieden, wo er qualvoll starb, was seine Tochter Kaiserin Maria Theresia veranlaßte, nie mehr dort zu wohnen. Sie bestimmte die *Favorita* als Heimstätte der Theresianischen Ritterakademie und wählte Schönbrunn zu ihrem Sommersitz, den sie vom Hofarchitekten Nicolaus Pacassi umgestalten und erweitern ließ. Es wurden das Hauptgebäude aufgestockt, die beiden Freitreppen angelegt und neue Seitentrakte errichtet. Schönbrunn war 1760 Schauplatz der Vermählungsfeier Kaiser Josephs II. mit Isabella von Parma. Napoleon residierte hier 1805 und 1809. Am 14. Oktober 1809 wurde zwischen Österreich und Frankreich der Friede von Schönbrunn geschlossen. Veränderungen der Fassade ließ Kaiser Franz II. (I.) durch den Hofarchitekten Johann Aman vornehmen. Am 22. November 1916 starb in Schönbrunn Franz Joseph I., womit die kaiserliche Existenz des Schlosses endete.

Die großen Umbauprojekte in den Regierungszeiten von Karl VI. bis Franz Joseph I.

Zum Umbauprojekt Joseph Emanuel Fischer von Erlachs für die Hofburg. Erhalten geblieben davon ist nur die Ansicht Salomon Kleiners von 1733 der geplanten Michaelerplatzfassade, die weder die beiden seitlichen Kuppeln noch die mächtige Glockenkuppel über dem stadtseitigen Haupttor der Burg zeigt.

Das Schloß Versailles, das im letzten Drittel des 17. Jahrhunderts unter Ludwig XIV. entstand, war Vorbild für andere europäische Residenzbauten. Die Großzügigkeit von Schloß Schönbrunn entsprach durchaus der von Versailles. In der Folge wurde auch daran gedacht, den Hofburgkomplex neu zu gestalten. Bis zur Ringstraßenzeit schufen Baukünstler, die zu den bedeutendsten ihrer Zeit zählten, die Entwürfe für die kaiserlichen Bauherrn Karl VI. bis Franz Joseph I.: Johann Lucas von Hildebrandt, Balthasar Neumann, Jean Nicolas Jadot, Nicolaus Pacassi, Gottfried Semper. Aber ihnen stand nicht wie in Versailles oder Schönbrunn ein freies oder fast freies Gelände zur Verfügung, auf dem sich ihre Ideen hätten verwirklichen lassen. So kam es, daß die Entwürfe, obwohl sie den Abbruch oder zumindest die Beeinträchtigung des Baubestandes voraussetzten, mit den vorhandenen Raumverhältnissen nicht in Einklang gebracht werden konnten. Trotzdem sind diese in ihrer Art einmaligen Entwürfe, die nicht oder nur zu einem geringen Teil ausgeführt wurden, wegen des

Ranges ihrer Schöpfer und ihrer kaiserlichen Auftraggeber von großer kunsthistorischer Bedeutung. Die zweifellos vorhanden gewesenen Pläne Johann Bernhard Fischer von Erlachs für eine Neugestaltung der Hofburg sind nicht auf uns gekommenen. Von den Entwürfen seines Sohnes Joseph Emanuel Fischer von Erlachs ist nur eine Ansicht Salomon Kleiners von der Fassade am Michaelerplatz erhalten geblieben.

In den Jahren 1724 und 1725 entwickelte Johann Lucas von Hildebrandt, der Rivale der beiden Fischer von Erlach, die Pläne für eine Neugestaltung der Hofburg. Hildebrandt war Festungsingenieur unter Prinz Eugen, bevor er als Hofbaumeister nach Wien kam. Sein Hauptwerk ist das für Prinz Eugen geschaffene Obere und Untere Belvedere in Wien. Auch das Palais für Feldmarschall Daun, später Palais Kinsky, auf der Freyung, eines der bedeutendsten hochbarocken Palais Wiens, und den monumentalen Palast der Geheimen Hof- und Staatskanzlei, heute Bundeskanzleramt, hat er geschaffen. Der von Hildebrandt geplanten Neugestaltung des Hofburgkomplexes wären vor allem Alte Burg und Leopoldinischer Trakt zum Opfer gefallen. Statt diesen sollte ein neuer 51-achsiger Trakt die einheitliche stadtaußenseitige Front bilden. Auf der Bastei davor waren ein Garten mit Bassins und Fontänen sowie an der Spitze der Bastei ein Belvedere vorgesehen. Die Burgkapelle sollte durch eine Kuppelkirche ersetzt werden.

Im Jahre 1745 beauftragten Kaiserin Maria Theresia und ihr Gemahl Franz Stephan von Lothringen in Würzburg Balthasar Neumann mit der Neuplanung der Wiener Hofburg. Neumann, der das Würzburger Schloß geschaffen hatte, entwickelte für das Kaiserhaus in Wien drei Projekte. Im Projekt II ist zentral ein grandioses Treppenhaus vorgesehen. „In diesem Treppenhaus", schreibt der Kunsthistoriker Hans Sedlmayr, „erhebt sich Neumanns Kunst zu wahrhaft kaiserlicher Feierlichkeit". Ebenfalls im Jahre 1745 berief Franz Stephan von Lothringen seinen ehemaligen Hofarchitekten Jean Nicolas Jadot an den Hof nach Wien. Jadot baute hier die Alte Universität, heute Akademie der Wissenschaften. Auch er entwickelte verschiedene Umbauprojekte für den Hofburgkomplex. Hofarchitekt Nicolaus Pacassi, der Jadot im Hofbauamt folgte, legte ebenfalls ein Umbauprojekt vor.

Die Ausführung der Entwürfe von Hildebrandt, Neumann, Jadot und Pacassi scheiterte trotz deren Qualität wohl daran, daß ihnen außer den hohen Kosten ein Großteil des historischen Baubestandes hätte geopfert werden müssen. Zu einer weitgehenden Umgestaltung der Hofburg kam es also nicht. Aber in vielen kleineren Schritten wurde die Burg den Bedürfnissen der Zeit angepaßt und entwickelte sich so in ihrer Formenvielfalt, die ihre Geschichtlichkeit zum Ausdruck bringt, zu einem der bemerkenswertesten Gebäude Europas.

Zur Zeit Franz Josephs I. wurde mit dem Schleifen der Stadtbefestigungen, das der Kaiser 1857 angeordnet hatte, ein ausgedehnter Platz an der Stadtaußenseite der Hofburg frei. Damit bestand die Möglichkeit einer großzügigen Erweiterung der Residenz. Zunächst war an die Errichtung eines kunsthistorischen und eines naturhistorischen Museums gedacht. Allein der Wettbewerb für die bauliche Gestaltung brachte trotz Teilnahme hervorragender österreichischer Architekten nicht das entsprechende Ergebnis. Da beauftragte der Kaiser den Hamburger Gottfried Semper, der damals in Zürich lehrte, mit der Begutachtung der Entwürfe und darüber hinaus mit einem Gesamtausbauplan der Hofburg.

Bevor nun auf das bauliche Geschehen in den Regierungszeiten von Joseph I. bis Franz Joseph I. näher eingegangen wird, soll noch über mysteriöse Vorkommnisse in der Hofburg berichtet werden. Es gibt ja kaum eine Burg, die nicht ihr Burggespenst hat, und die Wiener Hofburg ist da keine Ausnahme. In zahllosen Berichten werden Geistererscheinungen beschrieben. Solche Berichte mit einem Lächeln abzutun, wäre aber zu einfach. Die Erscheinungen lassen sich in mehrere Gruppen einordnen. Zunächst handelt es sich um Personen, die zu irgendeinem Zweck, und sei es nur, um andere zu erschrecken, in das Gewand des Burggespenstes schlüpfen. Hieher gehört die überlieferte Begebenheit mit Prinz Friedrich August, nachmaliger Kurfürst von Sachsen und König von Polen, wegen seiner außerordentlichen Körperkraft August der Starke genannt. Friedrich August besuchte 1702 in Wien seinen Jugendfreund Erzherzog Joseph, den späteren Kaiser Joseph I. Katholische Kreise befürchteten den Einfluß des Protestanten auf den Erzherzog. So erschien der Burgkaplan als Geist verkleidet allnächtlich im Schlafzimmer Josephs, um ihn vor der Freundschaft mit seinem Gast zu warnen. Als er eines Nachts wieder kettenrasselnd erschien und seine Beschwörung begann, erhob sich August der Starke, der das Schlafzimmer mit Erzherzog Joseph getauscht hatte, aus dem Bett, packte ihn ohne viel Federlesen um die Mitte und warf ihn zum Fenster hinaus. Am anderen Morgen fand man im Geistergewand mit zerschmetterten Gliedern den Burgkaplan.

In der Nacht vom 26. auf den 27. Juli 1872 erschien im Leopoldinischen Trakt auf dem Gang vor dem Sophienappartement eine Gestalt in der Maske der am 28. Mai davor verstorbenen Erzherzogin Sophie, der Mutter Kaiser Franz Josephs I. Der Posten der Burgwache, ein junger Soldat namens Franz Schimann vom Regiment Benedek, verfolgte die Erscheinung und versetzte ihr mit dem Bajonett einen Stich. Die Erscheinung schrie auf und sank zu Boden. Da lag nun ein junger Mann, der aus einer Hüftwunde blutete. Ein Biograph des exzentrischen Erzherzogs Johann Salvator vermutet in diesem den Geisterdarsteller, der die Bediensteten erschrecken wollte. Dafür spricht, daß der

Fall wohl der Öffentlichkeit bekannt, aber hinsichtlich des Geisterdarstellers nicht geklärt und der Soldat in das *Stabstockhaus* eingeliefert wurde.

Nach dem Zusammenbruch der Donaumonarchie erfuhr die Öffentlichkeit von dem Plan, freigewordene Räume der Hofburg anderweitig zu vermieten. Da begann es in der Hofburg zu geistern. Dumpfe Schritte ließen sich nächtlicherweise vernehmen. Unheimliche Gestalten mit Gespenstergesichtern tauchten auf, schauten durch die Glasscheiben der Türen und erschreckten damit die Männer der Sicherheitswache, die nun anstelle der kaiserlichen Burgwache Dienst versahen. Polizeipräsident Schober beauftragte einen seiner besten Kriminalisten, der Sache nachzugehen. Nach langen, mühevollen Nachforschungen kam der Kriminalbeamte zu der Überzeugung, das Gespenst müsse unter den Bewohnern der Burg zu finden sein. Kreidestaub wurde aufgestreut. Die dadurch entstandene verräterische Fußspur führte zur Wohnung eines ehemaligen Offiziers, der mit dem Spuk Wohnungswerber abschrecken wollte, weil er von ihnen eine Zerstörung der altehrwürdigen Atmosphäre der Burg befürchtete. Polizeipräsident Schober schaffte die Angelegenheit in konzilianter Weise aus der Welt.

Weiter handelt es sich um Personen, die unbeabsichtigt bei Anderen den Eindruck von Geisterwesen hervorrufen. Dazu muß man sich die spärlich beleuchteten Gänge im Gebäude vorstellen, beispielsweise den über 150 m langen sogenannten Fräuleingang im 3. Stock des Leopoldinischen Traktes. Die Sanitäranlagen der Wohnungen am Fräuleingang lagen mehr oder weniger weit entfernt. Wenn sich nun jemand deshalb im Nachtgewand über den Gang bewegte, nur vom Mondlicht oder einem fahlen Kerzenschimmer beleuchtet, mag das manchmal ebenso zu mystischer Deutung Anlaß gegeben haben, wie wenn jemand den Spuren Amors folgend über den nächtlichen Gang huschte.

Der Tod von Maria Theresia, der zweiten Gemahlin Franz II. (I.), am 13. April 1807 soll durch die Erscheinung der sagenhaften *Weißen Frau* angezeigt worden sein. Die Wache vor der Hofkapelle hatte in der Stunde des Todeskampfes der Kaiserin eine weiße Erscheinung gesehen. Als man am nächsten Tag vom Tod der Kaiserin erfuhr, war der ganze Hof betreten über die vorangegangene Erscheinung. Wie sich aber herausstellte, war die *Weiße Frau* eine Hofdame, welche die Gewohnheit hatte, stets weiß gekleidet zu gehen und sich an jenem Abend in der Burgkapelle verspätet hatte. Die erwähnte *Weiße Frau,* der wir in den Sagen von der Hofburg immer wieder begegnen, ist eine uralte Mythengestalt und bei den meisten indogermanischen Völkern als Glücksspenderin wie auch Todesverkünderin zu finden. Es ist eine heidnische Todesgöttin, die später als *Weiße* oder auch *Schwarze Frau* geschildert wird.

Zur nächsten Gruppe gehören reale Geräusche und Erscheinungen, die eine mystische Deutung erfahren, beispielsweise ein vom Wind bewegter Vorhang. Wenn ich noch spät am Abend in meinem Dienstzimmer arbeitete, hörte ich den Wind im Kamin singen, und gelegentlich huschte eine Maus über den Fußboden, die auf Nahrungssuche ihr warmes Quartier an den Heizungsrohren in Wänden und Decken verlassen hatte.

Schließlich sind Erscheinungen offenbar ohne jeden realen Hintergrund zu nennen. Ich erinnere mich da an das Gespräch mit einer langjährigen Bewohnerin der Alten Hofburg, der in den Fünfzigerjahren eines Nachts im Oktober eine weiße Frauengestalt erschienen sein soll, die zum Fenster ging und dort mit dem Blick in den Burghof verharrte. Die im Schwinden begriffene überaus dichte Atmosphäre, die sich in der Hofburg in den Jahrhunderten ihrer ebenso bewegten wie bedeutungsvollen Geschichte entwickelt hat, mag die Fantasie sensibler Menschen so stark angeregt haben, daß sich die Grenzen zur Wirklichkeit verloren. Hieher gehören auch die Visionen von Soldaten der Burgwache, die auf den Gängen und Stiegen der Burg verteilt waren. Sie konnten im Notfall durch Taster die Alarmglocke bei der Burghauptwache betätigen, was auch im Laufe der Jahre mehrmals nachts geschah. Gewöhnlich fand sich aber kein realer Bezug zu den Visionen der meist sehr jungen Soldaten. Trotzdem schwor mancher zeitlebens, tatsächlich Wesen wahrgenommen zu haben, die auf keinen Anruf reagierten und plötzlich unter seltsamen Erscheinungen wieder verschwanden. Einmal schoß sogar ein Posten auf eine derartige Vision, was natürlich die ganze Burg alarmierte, doch ergab die Untersuchung nichts. Als Franz I. schwer erkrankt war, sah sein Zeitgenosse Franz Grillparzer in dichterischer *Vision* eine verhüllte Gestalt im Krankenzimmer des Kaisers.

Was seit Joseph I. gebaut wurde

Am Beginn seiner Regentschaft ließ Kaiser Joseph I. ein Operngebäude errichten, in dem bis 1744 gespielt wurde. Joseph I., dem 1705 eine großartige Erbhuldigung zuteil geworden war, starb schon sechs Jahre später an den Blattern. Unter seinem jüngeren Bruder Karl VI. erfuhr die Hofburg eine prächtige barocke Ausgestaltung. Es entstanden der Prunksaaltrakt der Hofbibliothek, der Reichskanzleitrakt für die deutschen Reichsbehörden, die darin bis 1806 ihren Sitz hatten, und die Winterreitschule. Zunächst ließ Karl VI. in den Jahren 1718 bis 1728 die Räume der von seinem Vater Leopold I. in der Stallburg eingerichteten Kunstkammer ausgestalten. Neben den Stallungen und der Kunstkammer beherbergte die Stallburg seit Kaiser Karl VI. eine Institution besonderer Art, das sogenannte Dechiffrierungsdepartement. Seine Aufgabe bestand im unmerklichen Öffnen und Durchforschen von abgefangenen Poststücken. Unter Staatskanzler Fürst Metternich galt die Institution als die Erste ihrer Art in Europa. Die im Dechiffrierungsamt beschäftigten Beamten wohnten in der Stallburg und waren aus Geheimhaltungsgründen vom gesellschaftlichen Leben ausgeschlossen. Ihre Namen scheinen auch nicht in den Hof- und Staatsschematismen auf. Nach dem Sturz Metternichs 1848 wurde das Dechiffrierungsdepartement aufgelöst.

Kaiserliche Tafel in der Ritterstube der Hofburg 1705, dargestellt im Erbhuldigungswerk für Kaiser Joseph I. In der Ritterstube fand 1717 die feierliche Taufe von Erzherzogin Maria Theresia, der späteren Kaiserin statt und 1741 die Taufe von deren erstgeborenem Sohn Joseph, dem späteren Kaiser Joseph II.

Kaiser Karl VI. regierte in Österreich von 1711 bis 1740. Mit der Errichtung von Prunksaaltrakt, Reichskanzleitrakt und Winterreitschule ist er der Bauherr der barocken Hofburg. Sein Bildnis in ganzer Figur schuf Johann Gottfried Auerbach.

Das Gemälde von Francesco Solimena „Hofbaudirektor Gundaker Graf Althan übergibt Kaiser Karl VI. das Inventar der Kunstkammer in der Stallburg". Leopold I. hatte um 1660 in der Stallburg eine Kunstkammer eingerichtet, die vor allem eine Gemäldesammlung umschloß. Sein Sohn Karl VI. ließ die Raume der Kunstkammer prächtig ausgestalten. Kaiserin Maria Theresia, die von den Erben Prinzen Eugens das Belvedere gekauft hatte, ließ die Gemäldesammlung 1776 dorthin übertragen, von wo sie schließlich in den Neubau des Kunsthistorischen Museums am Ring kam.

Der Prunksaaltrakt, eine der bedeutendsten Raumschöpfungen des österreichischen Barock, ist nach den Plänen von Johann Bernhard Fischer von Erlach in den Jahren 1722 bis 1726 entstanden. Fertiggestellt hat ihn nach seinem Tode sein Sohn Joseph Emanuel Fischer von Erlach.

Der von Johann Lukas von Hildebrandt geplante Reichskanzleitrakt wurde 1723 begonnen und bis 1725 in dem an der Schauflergasse gelegenen Teil mit Marschall-, Kaiser- und Batthyánihof fertiggestellt. Im folgenden Jahr erhielt Joseph Emanuel Fischer von Erlach den Auftrag zur weiteren Planung. Der Bau war 1730 vollendet mit Ausnahme des Einfahrtsbereiches vom Michaelerplatz, der erst 160 Jahre später entstand. In dem Gebäude wohnten im Laufe der Zeit der Herzog von Reichstadt, Sohn Napoleons I., mit seiner Mutter Marie Louise, von 1819 bis 1824 Erzherzog Johann, und zuletzt residierte hier fast sieben Jahrzehnte Kaiser Franz Joseph I.

Die Winterreitschule wurde in den Jahren 1729 bis 1735 errichtet. Joseph Emanuel Fischer von Erlach hat sie geplant. Der das ganze

Der Prunksaaltrakt, im Auftrag Kaiser Karls VI. errichtet 1722 bis 1726 nach Plänen Johann Bernhard Fischer von Erlachs. Die Darstellung Salomon Kleiners von 1733 zeigt den später so genannten Josefsplatz vor der Angleichung der beiden Seitenfassaden an den Prunksaaltrakt.

Der Reichskanzleitrakt, benannt nach den deutschen Reichsbehörden, die darin bis 1806 ihren Sitz hatten. Der von Salomon Kleiner 1733 dargestellte Teil gegen den Inneren Burgplatz wurde von Joseph Emanuel Fischer von Erlach geplant und 1730 vollendet.

Blick durch die Habsburgergasse auf die neu gebaute Winterreitschule. Das Bild Salomon Kleiners von 1737 zeigt die erst während des Baues eingeplante und 1734 ausgeführte Kuppel, die eineinhalb Jahrhunderte später die Gestaltung des Michaelertraktes wesentlich bestimmte. Links im Bild die Stallburg.

Gebäude einnehmende Reitschulsaal war ursprünglich für den Reitunterricht der adeligen Jugend bestimmt. Als erste Veranstaltung fand am 14. September 1735 eine Reitvorführung vor Kaiser Karl VI. statt. Die Winterreitschule war aber nicht nur Pflegestätte der Reitkunst, sondern auch der Ort festlicher Begebenheiten. Dazu gehörten die Karussells, die an die Stelle der Ritterspiele getreten waren. Das letzte Karussell fand 1894 in Anwesenheit von Kaiser Franz Joseph und Kaiserin Elisabeth statt. Zahlreiche glanzvolle Feste erlebte die Winterreitschule während des Wiener Kongresses 1814. So fand am 2. Oktober in dem herrlich geschmückten, von zahllosen Lustern und Lampions erleuchteten Saal eine Maskenredoute statt. Das Konzert am 16. November, bei dem 700 Musiker mitwirkten, dirigierte Ludwig van Beethoven. Ein Monsterkonzert am 29. November stand nochmals unter der Stabführung Beethovens. Die Winterreitschule war auch Schauplatz besonderer Geschehnisse: Ab 1753 fanden darin über ein Jahrhundert lang die Ziehungen des Staatslottos statt. Am 18. April 1808 unternahm der Uhrmachermeister Jakob Degen einen vergeblichen Flugversuch mit seinem Flugapparat in der Winterreitschule, die 1835 einen Teil der Industrie- und Gewerbeproduktenausstellung beherbergte. Im Mai des

Das Damenkarussell am 2. Jänner 1743 in der Winterreitschule, in der Mitte des Bildes im Vordergrund zu Pferde mit gezogenem Degen die 26-jährige Kaiserin Maria Theresia. Das berühmt gewordene Karussell hatte die erfolgreiche Befreiung Böhmens im Österreichischen Erbfolgekrieg zum Anlaß und war eine Anspielung auf den Sieg einer Frau über ihre Gegner.

Im Jahre 1835 beherbergte die Winterreitschule einen Teil der Industrie- und Gewerbeproduktenausstellung, der ersten zentralen Ausstellung dieser Art und Vorläuferin der Wiener Messe.

Feierliche Eröffnung des ersten österreichischen Reichstages am 22. Juli 1848 in der Winterreitschule durch Erzherzog Johann.

Die Barrikade auf dem Michaelerplatz war eine von rund 60 Barrikaden, die im Mai des Revolutionsjahres 1848 angelegt wurden und Straßen und Plätze der Stadt sperrten. Auf der Barrikade stehen Studenten, die Kerntruppe der Revolution, mit Angehörigen der Akademischen Legion in Uniform. Im Hintergrund des Ölgemäldes von A. Ziegler das Alte Burgtheater und links davon die Winterreitschule.

Kaiserin Maria Theresia regierte in Österreich von 1740 bis 1780. Nach dem Tod ihres Vaters Karls VI. übernahm sie auf Grund der Pragmatischen Sanktion die habsburgischen Erblande. Mit Franz Stephan von Lothringen vermählt, wurde sie Mutter von 16 Kindern.

Revolutionsjahres 1848 errichteten die Aufständischen in unmittelbarer Nähe der Winterreitschule eine Barrikade, und im Gebäude selbst wurde am 22. Juli selben Jahres der erste österreichische Reichstag eröffnet.

Die Pragmatische Sanktion bestimmte Kaiserin Maria Theresia zur Erbin des Thrones, den sie 1740 nach dem Ableben ihres Vaters Karls VI. bestieg. Aus dem Erbhuldigungswerk des selben Jahres erfahren wir vom damaligen Aussehen einiger Burgräume. Die Kaiserin residierte und wohnte mit ihrem Gemahl Franz Stephan von Lothringen an der Burghofseite des Leopoldinischen Traktes. Auf ihre Zeit geht der Name Fräuleingang zurück, einer der längsten geraden Gänge der Hofburg, gelegen im 3. Stock des Leopoldinischen Traktes. Zu beiden Seiten des Fräuleinganges lagen Wohnräume vor allem für die Bediensteten der Kaiserin und ihrer 16 Kinder, also der Hofdamen und der Kammerfräu-

Die Ritterstube während der Erbhuldigung vor Maria Theresia 1740. Die Kaiserin sitzt unter einem Baldachin an der Wand zur Antekammer. Der Raum hatte Fenster an beiden Längsseiten. Bei Anlage der Botschafterstiege um 1750 sind die burghofseitigen Fenster (rechts im Bild) vermauert worden.

Die Ritterstube zur Zeit Kaiser Franz Josephs I. Die Fotografie entstand Ende des 19. Jahrhunderts.

lein, von denen der Gang seinen Namen hat. Von den stadtaußenseitigen Wohnräumen ging der Blick einst über die Freifläche des Glacis auf die Vorstädte und Vororte bis zu den Bergen des Wienerwaldes und später – nicht weniger reizvoll – über einen der prächtigsten Teile der Ringstraße mit Heldenplatz, Volksgarten, Hofmuseen, Parlament und Rathaus.

Wenn auch unter Maria Theresia keine neuen Trakte der Burg entstanden, geht doch eine Reihe bedeutsamer Veränderungen der bestehenden Bauten auf ihre Regentschaft zurück. So wurde in der Stallburg die

Die ehemalige Hofapotheke in der Stallburg. Das Relief über der Türe in Bildmitte zeigt Kaiserin Maria Theresia, die laut Gründungsinschrift die Apotheke 1746 in der Stallburg einrichtete, mit ihrem Gemahl Franz Stephan sowie die kaiserliche, die böhmische und die ungarische Krone. Die von den Leibärzten der Kaiserfamilie verordneten Heilmittel wurden in schwarz-gold gebundenen Büchern festgehalten.

Hofapotheke eingerichtet. In der Alten Burg ließ Maria Theresia vom Hofarchitekten Jean Nicolas Jadot die Botschafterstiege und die Säulenstiege anlegen. Ebenfalls nach Jadots Entwurf ließ die junge tanzfreudige Kaiserin das von ihrem Onkel Joseph I. errichtete Operngebäude zum Großen und Kleinen Redoutensaal umbauen. Im Jahre 1748 fand darin der erste Maskenball statt. In der Folge wurden die Säle immer wieder umgestaltet. Im Jahre 1795 wirkte hier der junge Ludwig van Beethoven als Konzertpianist in einer musikalischen Veranstaltung Joseph Haydns. Zur Zeit des Wiener Kongresses waren die Redoutensäle Schauplatz glänzender Feste. Im Jahre 1828 fand im Großen Redoutensaal die begeistert aufgenommene Uraufführung von Franz Schuberts C-Dur-Symphonie statt, und im selben Jahr wohnte hier Kaiser Franz I. den Darbietungen des Violinvirtuosen Niccolo Paganini bei. Kaiser Franz Joseph I. hielt in den Redoutensälen jährlich seinen *Hofball*.

Das Innere der Augustinerkirche, der ehemaligen Hofpfarrkirche, geweiht 1349. Als Baumeister ist der Bayer Dietrich Lathner von Pirn überliefert. Im Seitenschiff rechts befindet sich das berühmte Grabdenkmal für Erzherzogin Maria Christine, im Auftrag ihres Gemahls, des Herzogs Albert von Sachsen-Teschen von Antonio Canova geschaffen und 1805 in der Augustinerkirche aufgestellt.

Um in ihre Gemächer zu gelangen, stand Maria Theresia die sogenannte Schwarze-Adler-Stiege zur Verfügung, die sie von Jadot im Leopoldinischen Trakt nahe der Amalienburg hatte anlegen lassen. Die Stiege führte zu den Repräsentationsräumen der Kaiserin im Leopoldinischen Trakt und andererseits zu den herrschaftlichen Appartements in der Amalienburg. In vorgerücktem Alter, als ihr das Stiegensteigen schon schwer fiel, ließ sie eine Rampe zur Nordwestseite des Leopoldinischen Traktes – wegen der guten Luft *Bellaria* genannt – anlegen, über die man mit dem Wagen bis zur Höhe der kaiserlichen Räume im Hauptgeschoß gelangte.

Mit dem Ankauf des Palais Silva-Tarouca auf der Augustinerbastei als Wohnsitz für ihren Schwager Herzog Karl von Lothringen leitete Kaiserin Maria Theresia 1754 eine bauliche Entwicklung ein, die zur Einbeziehung der aus diesem Palais hervorgegangenen Albertina sowie des 1327 gegründeten Augustinerklosters und der 1349 eingeweihten Augustinerkirche in den Baukomplex der Hofburg führte. Die Albertina wurde in den Jahren 1801 bis 1804 unter Einbeziehung des Palais Silva-Tarouca nach Plänen des Hofarchitekten Louis von Montoyer für Herzog Albert von Sachsen-Teschen, den Gemahl der Erzherzogin Maria Christine, einer Tochter von Kaiserin Maria Theresia, gebaut.

Der Kontrollorgang im Mezzanin des Leopoldinischen Traktes. Seine Fenster gehen auf den Äußeren Burgplatz und heutigen Heldenplatz. Vor der Zeit Kaiser Josephs II. lagen an diesem Gang die Räume des Hofkontrolloramtes. Joseph II. empfing hier Bittsteller, die dem Kaiser persönlich ihre Anliegen vortragen oder Gesuche übergeben wollten, zur Audienz.

Kaiser Joseph II., der älteste Sohn von Kaiserin Maria Theresia, wohnte an der Stadtaußenseite des Leopoldinischen Traktes. Im Kontrollorgang unter seinem Appartement, den er über die sogenannte Zuckerbäckerstiege erreichte, empfing der Kaiser öffentlich Bittsteller aus allen Kreisen der Bevölkerung zur Audienz. Schon vor Joseph II. konnten bei Hof Geladene, die nach der Audienz beim Kaiser der Kaiserin ihre Aufwartung machen wollten, über den Kontrollorgang in das Wartezimmer der Kaiserin gelangen, von wo sie in deren Audienzzimmer vorgelassen wurden. Die Zuckerbäckerstiege, die bis zum Parterre führt, soll dem jugendlichen Joseph II., aber auch seinem Vater Franz Stephan I. für nächtliche Inkognitogänge in die Stadt gedient haben. Vom 22. März bis 22. April 1782 weilte Papst Pius VI. in Wien und versuchte vergeblich, Joseph II. von seiner Kirchenpolitik abzubringen. Als Gast des Kaisers wohnte er in Räumen, in denen Kaiserin Maria Theresia gewohnt und residiert hatte. Ein Audienzzimmer mit einem Thronhimmel wurde ihm eingerichtet. Seit 1946 befindet sich in den einstigen Räumen von Kaiserin Maria Theresia und Kaiser Joseph II. die Österreichische Präsidentschaftskanzlei. Kaiser Leopold II., auch ein Sohn Maria Theresias, benützte in den zwei Jahren seiner Regentschaft Räume der Amalienburg.

Kaiser Franz II. (I.) regierte in Österreich von 1792 bis 1835. Unter ihm entstanden der Zeremoniensaal und das Äußere Burgtor. Volksgarten, Heldenplatz und Burggarten wurden angelegt. Als Franz II. legte er 1806 die römisch-deutsche Kaiserkrone zurück, nachdem er 1804 als Franz I. die erbliche österreichische Kaiserwürde angenommen hatte. Sein Bildnis von Johann Baptist Lampi entstand um 1804.

Kaiser Franz II. (I.) wohnte und residierte in der Alten Burg und in anschließenden Räumen des Leopoldinischen Traktes. Unter ihm entstand 1802 bis 1806 nach Plänen Louis von Montoyers an der Heldenplatzseite des Leopoldinischen Traktes ein Vorbau – volkstümlich Nase genannt – mit dem Zeremoniensaal, einem der schönsten Säle der Hofburg. Im Zeremoniensaal fanden zahlreiche prunkvolle Feste statt wie jährlich der *Ball bei Hof*, Galadiners zu Ehren fremder Fürsten, Festtafeln bei Hochzeitsfeierlichkeiten im Kaiserhaus und Hofkonzerte. Zur Zeit Kaiser Franz Josephs wurden hier auch Eröffnung und Schluß der Sessionen des Reichsrates vollzogen. Nach den Napoleonischen Kriegen, in deren Verlauf 1809 der Korse die Burgbastionen sprengen ließ,

Kaiser Franz II. (I.) in seinem Arbeitszimmer in der Alten Burg mit dem Blick auf die Burghofseite des Leopoldinischen Traktes.

Der Zeremoniensaal in dem im Auftrag von Kaiser Franz II. (I.) von Louis von Montoyer geplanten und 1802 bis 1806 errichteten Vorbau des Leopoldinischen Traktes ist einer der schönsten Säle der Hofburg. Er blieb bis zum Ende der Monarchie der repräsentativste Festsaal.

Das Äußere Burgtor, unter Kaiser Franz II. (I.) zur Erinnerung an die Völkerschlacht bei Leipzig nach Plänen von Peter Nobile erbaut und 1824 vollendet. Nach links anschließend das bemerkenswerte Einfriedungsgitter des Heldenplatzes in seiner ursprünglichen Färbung, dahinter das Wiener Rathaus.

wurden unter Franz I. nach Plänen Peter Nobiles das Äußere Burgtor sowie im Volksgarten der Theseustempel und das Cortische Kaffehaus errichtet, wo Josef Lanner und Johann Strauß Vater musizierten. Außer dem Volksgarten wurde der Kaisergarten, heute Burggarten, angelegt, mit einem von Ludwig von Remy geplanten Gewächshaus. Auch entstand damals als Paradeplatz der Äußere Burgplatz, der seit Aufstellung der beiden Reiterdenkmäler für Erzherzog Karl 1860 und Prinz Eugen von Savoyen 1865 den Namen Heldenplatz führt. Das Reiterstandbild für Erzherzog Karl ist, abgesehen von seinem hohen künstlerischen Wert, eine wohl einzigartige technische Meisterleistung: Das Pferd ist auf den Hinterbeinen aufgerichtet, also nur an zwei Punkten mit dem Unterbau verbunden.

Kaiser Ferdinand I., der Sohn und Nachfolger Franz I., wohnte im Leopoldinischen Trakt. In dessen 2. Stock lag das Appartement von Erzherzog Franz Karl und seiner Gemahlin Sophie mit ihren vier Söhnen, deren ältester, Erzherzog Franz Joseph, Kaiser von Österreich wurde. Als Monarch wohnte und residierte Franz Joseph im Reichskanzleitrakt. An der Burghofseite im 1. Stock hatte er unter anderem ein Audienzzimmer, ein Konferenzzimmer und ein Arbeitszimmer sowie ein bescheidenes Schlafzimmer.

Im Jahre 1871 begannen die Bauarbeiten an den Hofmuseen unter Gottfried Sempers Leitung nach den von ihm modifizierten Plänen Karl

Das für Kaiser Franz I. von Ludwig von Remy 1823 – 1826 mit Benützung eines Restes der Festungsmauer als Rückwand erbaute Gewächshaus im Burggarten. Es wurde im Zuge der Errichtung der Neuen Burg abgetragen und durch das heute noch bestehende Palmenhaus ersetzt.

Der sogenannte Blumensalon in der Mitte des Gewächshauses im Burggarten.

Das Palmenhaus, nach Plänen Friedrich Ohmanns 1902 – 1906 am Rande des Burggartens errichtet. Darüber ist auf der Augustinerbastei die Albertina zu sehen.

Kaiser Franz Joseph I. regierte in Österreich von 1848 bis 1916. Während seiner Regentschaft wurden die beiden Hofmuseen, die Neue Hofburg mit dem Corps de Logis und der Festsaaltrakt errichtet, der Michaelertrakt vollendet sowie Volksgarten und Heldenplatz ausgestaltet. Sein Bildnis von Franz Xaver Winterhalter entstand 1865.

Die Kaiserstiege führt vom Kaiserhof – dem mittleren Hof des Reichskanzleitraktes – zum 1. Stock. Über diese Stiege gelangte Kaiser Franz Joseph I. in sein Appartement. Auch seine Audienznehmer kamen über die Kaiserstiege.

Hasenauers, der am Wettbewerb für das Museumsprojekt teilgenommen hatte. Hasenauer war Semper beigegeben und führte nach dessen Erkrankung die Bauleitung von Naturhistorischem und Kunsthistorischem Museum. Lange nach dem Tod Sempers fand 1889 die Eröffnung des Naturhistorischen, 1891 die des Kunsthistorischen Museums statt. Das Projekt Sempers für einen Gesamtausbau der Hofburg wurde nur teilweise und in abgeänderter Form ausgeführt. Das Burgtor blieb unverändert, die Triumphpforten über die Ringstraße entfielen. Der Leopoldinische Trakt sollte nicht, wie es Semper in seinem Projekt vorsah, hinter einen Verbindungsbau zwischen den Flügeln der Neuen Burg zu liegen kommen, womit der geplante volksgartenseitige Flügel die Verbindung zu den übrigen Burgbauten verloren hätte. Der Verbindungsbau wurde ebenso wie der Volksgartenflügel der Neuen Burg nicht ausgeführt. Die stadtaußenseitige Fassade der Alten Burg geriet wohl hinter dem Festsaaltrakt in den sogenannten Kesselhaushof, das Gebäude aber blieb erhalten.

Von Sempers Gesamtausbauprojekt der Hofburg wurde nur der Burggartenflügel der Neuen Burg ausgeführt, für den 1881 – zwei Jahre nach dem Tode Sempers – die Grundaushebung begann. Der Bau stand unter keinem guten Stern. Im Jahre 1895 schrieb Franz Joseph an Kaiserin Elisabeth nach einer Besichtigung der Baustelle: „Die Arbeiten sind sehr schön ausgeführt, aber es ist noch so unendlich viel zu thun,

Aus dem Audienzsaal. Das zweiteilige Bild, das Theo Zasche um 1898 schuf, zeigt den Audienzsaal an einem Audienztag. Hinter der durch eine spanische Wand teilweise abgedeckten Doppeltüre auf dem linken Teil des Bildes befindet sich das Audienzzimmer, wo der Kaiser die Audienznehmer empfing. Neben der Türe steht ein Offizier der königlich ungarischen Leibgarde. Ganz links stehen drei Offiziere der königlich ungarischen Leibgarde, dahinter eine Gruppe von drei Offizieren der Ersten Arciéren-Leibgarde.

Das Konferenzzimmer Franz Josephs im Reichskanzleitrakt, wo unter dem Vorsitz des Kaisers Sitzungen der Minister stattfanden. Die Türe im Hintergrund führt zur Kaisergarderobe. Die Aufnahme entstand um 1900.

Leibkammerdiener Eugen Ketterl in der Kaisergarderobe, in der die zahlreichen Uniformen und die selten getragenen Zivilkleider von Franz Joseph I. aufbewahrt waren.

Das Arbeitszimmer von Kaiser Franz Joseph im Reichskanzleitrakt, aufgenommen zu dessen Lebzeiten vom Hoffotografen Raimund Freiherrn von Stillfried. Der Schreibtisch ist belegt mit einer Schreibunterlage, einer Schreibgarnitur mit verschiedenen Federstielen, Leuchtern mit Kerzen sowie Stehbildern von Familienmitgliedern. Von zwei Klingeltasten führt eine dünne Leitung weg, offenbar in den Raum des Leibkammerdieners und in das Dienstzimmer des Flügeladjutanten. Auf einer Staffelei hinter dem Schreibtisch befindet sich in ovalem Rahmen das Bildnis „Kaiserin Elisabeth mit verschlungenem Haar" von Franz Xaver Winterhalter. Auf der Kommode rechts stehen Bilder von Mitgliedern der kaiserlichen Familie, über der Kommode hängt Winterhalters Gemälde „Kaiserin Elisabeth mit offenem Haar", rechts der Kommode ein Tischchen mit Kerzenleuchtern und ebenfalls mit Familienbildern. Die Aktentaschen auf dem Sessel rechts vorne sind für die Post der Kabinettskanzlei, der Militärkanzlei und des Obersthofmeisteramtes bestimmt. An der Decke hängt ein vierflammiger Petroleumluster, der noch zur Zeit Kaiser Franz Josephs gegen einen solchen für elektrische Beleuchtung ausgetauscht wurde. Das Arbeitszimmer war zentraler Lebensraum des Kaisers, in dem er auch oft seine Mahlzeiten einnahm.

Gottfried Semper war Professor der Baukunst in Dresden, wo er das berühmte Operhaus schuf. Wegen seiner maßgeblichen Beteiligung an der Revolution von 1849 – er leitete Bau und Verteidigung einer Barrikade – wurde er wie sein Freund Richard Wagner steckbrieflich gesucht. Beide flohen aus Deutschland. Semper hielt sich in Paris und London auf, bevor er 1855 in Zürich zum Professor der Baukunst ernannt wurde. Kaiser Franz Joseph berief ihn 1871 ungeachtet seiner politischen Vergangenheit nach Wien.

Gottfried Sempers Plan eines Kaiserforums, dargestellt von Rudolf von Alt 1872. Das Kaiserforum hätte bis zu den Hofstallungen gereicht. Das Burgtor sollte durch ein neues ersetzt und die Ringstraße mit mächtigen Triumphpforten zwischen den Hofmuseen und den Flügeln einer neuen Burg überbrückt werden. Ein dominierender Mittelbau vor der Alten Burg und dem Leopoldinischen Trakt hätte die beiden Flügel der Neuen Burg verbunden und damit dem Kaiserforum eine einheitliche Gestalt gegeben. Der heldenplatzseitige Vorbau des Leopoldinischen Traktes mit dem Zeremoniensaal wäre nicht erhalten geblieben.

daß wir wohl nie diese Räume benützen werden...". Damit hat er Recht behalten. Drei Jahre später – der Bau war noch lange nicht fertig – erlag Elisabeth in Genf einem Mordanschlag. Der Kaiser verlor nun ganz das Interesse an der Neuen Burg. Man sagt sogar, er habe, wenn er über den Heldenplatz fuhr, den Kopf von der Baustelle abgewendet. Schließlich war man bei der Weiterführung des Baues an einem toten Punkt angelangt. Da übertrug 1906 der Kaiser seinem Neffen und Thronfolger Erzherzog Franz Ferdinand die Fürsorge für die Fortsetzung und Vollendung des Neubaues der Hofburg. Zur Bauabwicklung

Der Schreibtisch von Kaiserin Elisabeth in ihrem Appartement in der Amalienburg.

Das 1876 im Appartement von Kaiserin Elisabeth eingerichtete Badezimmer. Es war das erste Badezimmer in der Hofburg und ist bis heute erhalten.

wurde eine Burgbaukommission gebildet, der Franz Ferdinand vorstand. Die Burgbaukommission sah sich öffentlicher Kritik bei fehlendem Rückhalt durch den Bauherrn – und das war der Kaiser – gegenüber. Unsicherheit breitete sich aus. Entscheidungen konnten nur schwer getroffen werden und wurden oft widerrufen. Das gilt insbesondere für den Festsaaltrakt. Zunächst war dieser Trakt zwischen Neuer Burg und Zeremoniensaal anläßlich des 50-jährigen Krönungsjubiläums von Kaiser Franz Joseph 1898 von dem damaligen Hofburgbauarchitekten Emil Ritter von Förster errichtet worden. Doch nach dem tragischen Tod der Kaiserin unterblieben die geplanten Festlichkeiten. Das erste Mal wurde der aufwendig gestaltete Festsaal im Mai 1899 für ein Hofdiner anläßlich der Enthüllung des Denkmals für Erzherzog Albrecht auf der Augustinerbastei genutzt. Sodann war er wiederholt Schauplatz glänzender Feste, bevor er abgerissen und ein Neubau begonnen wurde. Allein dessen innere Ausgestaltung verzögerte sich durch immer wieder neue und widerspruchsvolle Vorschläge von Jahr zu Jahr, obwohl hervorragende Künstler und Handwerker dafür zur Verfügung gestanden wären. Dann kam am 22. Juni 1914 die letzte Sitzung der Burgbaukommission, an der Franz Ferdinand noch teilnahm. Sein Nachfolger und neuer Thronfolger Erzherzog Karl trat weder positiv noch negativ in Erscheinung. So konnte es kommen, daß der schon ein-

Links: Zum Appartement der Kaiserin Elisabeth in der Amalienburg gehörten auch zwei sogenannte Berglzimmer. Der Maler Johann Bergl hat sie mit illusionistischen Landschaftsbildern ausgestaltet.

Aus der Hofküche, die bei einem Hofball bis zu 3.000 Personen versorgte. Das Bild zeigt die Große Küche, in der gerade die beiden Bratspieße an der Rückwand in Betrieb sind.

mal fertiggestellt gewesene Festsaaltrakt zum Ende der Donaumonarchie noch immer Baustelle war und erst ab 1925 genutzt werden konnte. Er gehört heute zu dem 1956 bis 1958 angelegten Kongreßzentrum.

Aber auch der ebenfalls aufwendig gestaltete Verbindungstrakt zwischen Neuer Burg und Palmenhaus ist um veranschlagte 12.000 Kronen wieder abgerissen worden. Obwohl der Bau ebenerdig und der Bibliothekshof dahinter nicht sehr attraktiv war, hieß es, das Bauwerk habe die Sicht auf die Hinterseite des Prunksaaltraktes behindert, die aber ehedem durch den Augustinergang weit mehr verdeckt war. Zum Transport der Pflanzen aus dem Palmenhaus in die Hofburg mußte nun ein unterirdischer Tunnel angelegt werden.

Die Neue Burg, diese räumlich größte Erweiterung der einstigen Babenbergerburg, erhebt sich seit einem Jahrhundert eindrucksvoll am Rande des Heldenplatzes, ohne daß ihre so schwierige Entstehungsgeschichte erkennbar wäre. Wesentlich einfacher und schneller konnte das letzte in der Monarchie begonnene und auch vollendete Bauvorhaben verwirklicht werden, nämlich der Michaelertrakt. Mit dieser Aufgabe wurde 1889 der Burghauptmann Ferdinand Kirschner betraut. Grundlage für Kirschners Pläne waren außer den anschließenden Gebäuden der Winterreitschule und des Reichskanzleitraktes, auf die Bedacht zu nehmen war, die von Salomon Kleiner überlieferte Ansicht des Projektes von Joseph Emanuel Fischer von Erlach und ein anony-

Im Hofweinkeller des Leopoldinischen Traktes. Das Bild zeigt ein Eichenfaß mit der Darstellung des jungen Kaisers Franz Joseph und daneben drei Fässer Johannisberger Zehentwein 1903. Kaiser Franz I. hatte das Gut Johannisberg am Rhein, das ihm im Wiener Kongreß zugesprochen wurde, seinem Staatskanzler Fürst Metternich geschenkt, der und dessen Nachkommen dafür jährlich den Zehent des Weinertrages in natura an seine Krone abzuliefern hatten. Die Stiege, deren Brüstung rechts im Bild sichtbar ist, führt zum Kellereingang am Burghof.

Im Hofweinkeller des Leopoldinischen Traktes. Der Hofkellermeister prüft Weinflaschen.

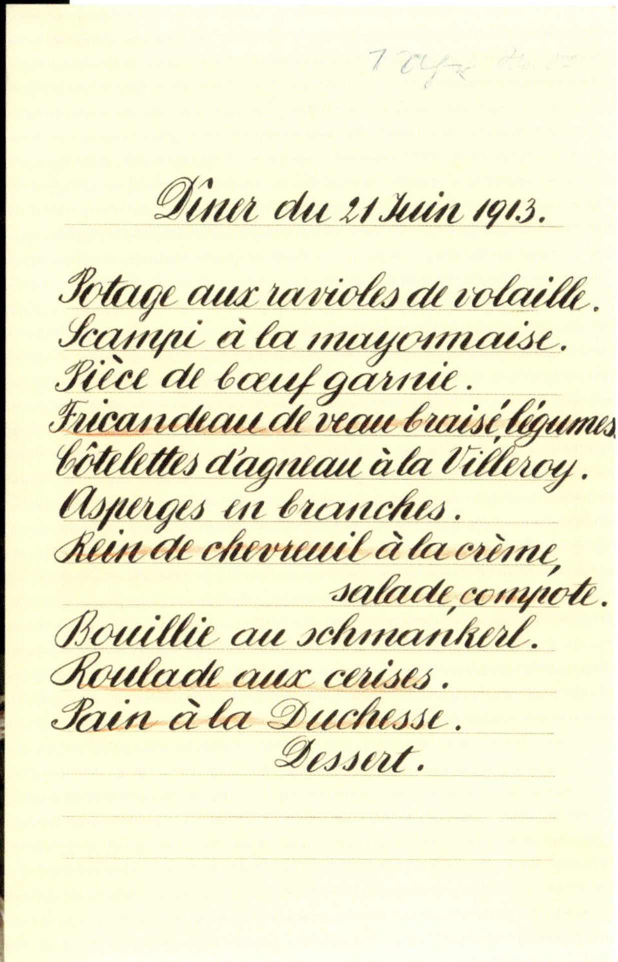

1 Uhr Stadt

Diner du 21 Juin 1913.

Potage aux ravioles de volaille.
Scampi à la mayonnaise.
Pièce de bœuf garnie.
Fricandeau de veau braisé légumes.
Côtelettes d'agneau à la Villeroy.
Asperges en branches.
Rein de chevreuil à la crème,
salade, compote.
Bouillie au schmankerl.
Roulade aux cerises.
Pain à la Duchesse.
Dessert.

Erhaltengebliebene Menükarte des kaiserlichen Diners vom 21. Juni 1913 mit handschriftlichen Eintragungen Franz Josephs. Vier Speisen hat er mit Rotstift gestrichen und oben rechts mit Blaustift den Vermerk angebracht: 1 Uhr Stadt. Das Diner sollte also in der Hofburg stattfinden.

Blick auf die Hoftafel, wie sie zur Zeit von Kaiser Franz Joseph und Kaiserin Elisabeth gedeckt war.

Wachablösung im Burghof um 1900. Die ablösende und die abgelöste Kompanie (unter dem Vordach) der Burghauptwache stehen einander gegenüber. Im Bild hinter der ablösenden Mannschaft sieht man die Burgmusik, die den Vorgang begleitet. Der Fotograf stand an einem Fenster des Wachzimmers der Leibgarde-Infanterie-Kompanie rechts neben dem Schweizertor.

Das Schweizertor der Alten Burg um die vorletzte Jahrhundertwende. Theo Zasche hat in einer seiner hervorragenden Zeichnungen einige Gardisten der Leibgarde-Infanterie-Kompanie dargestellt, im Volksmund Burggendarmen genannt, die ihre Diensträume in der Alten Burg hatten.

Hofball im Redoutensaal 1906. Der Kaiser hält Cercle. Im Bild links von ihm Gräfin Harrach, die dem Monarchen Komtessen vorstellt.

mes Projekt, das um 1769 entstanden war. Fischer von Erlach hatte bei der Ausführung der Winterreitschule an deren Ende eine Kuppel angeordnet, die zumindest an der Seite des Michaelertraktes zur Schauflergasse ein Gegenstück erforderte. Erst knapp vor Baubeginn fiel die Entscheidung für die gewaltige Glockenkuppel in der Mitte über der Einfahrt. Nachdem das alte Burgtheater und einige im Wege stehende Privathäuser abgetragen waren, begannen 1890 die Erdarbeiten, wobei die Fundamentsohle wegen der dreigeschossigen Keller der Vorgängerbauten rund 15 Meter tief gelegt werden mußte. Der Rohbau war 1891 fertig, das Werk nach nur dreijähriger Bauzeit vollendet. Am 8. September 1893 konnten Durchfahrt und Durchgänge für den Verkehr freigegeben werden.

Kirschner hat zwischen der Winterreitschule Fischer von Erlachs und dem Reichskanzleitrakt Hildebrandts ein harmonisches Bindeglied geschaffen, das zu den beiden barocken Trakten in keinem Widerspruch steht, obwohl er, wo angebracht, Baukonstruktionen und Baustoffe seiner Zeit verwendete. So wird die Kuppel nicht von einer Holzkonstruktion getragen, sondern von einem Eisenfachwerk, und auch in den Decken liegen Eisenträger. Die Hofburg hatte gegen den Michaelerplatz einen prächtig wirkenden Abschluß von hoher baulicher Qualität gefunden.

Teilansicht der Feststiege (Hauptstiege) der Neuen Burg. Ludwig Baumann hat sie geplant. Sie ist gewiß eine der imposantesten Treppenanlagen der Welt. In ihrer Gesamtheit ist die 130 m lange Stiegenanlage fotografisch nicht erfaßbar.

Der Stift des Karikaturisten zeigte 1906, wie die äußerlich fertiggestellte Neue Burg bei dem Fehlen der Hauptstiege genützt werden müßte, deren Bau erst 1907 begonnen und 1913 fertiggestellt wurde.

Von der 100-Jahr-Feier der Schlacht bei Aspern. Kaiser Franz Joseph begibt sich am 22. Mai 1909 mit den Erzherzogen – voran Thronfolger Franz Ferdinand und Karl Franz Joseph, der spätere Kaiser – zum Denkmal Erzherzog Karls. Im Hintergrund ist jener Verbindungsbau vom Zeremoniensaal (in Bildmitte) zur Neuen Burg (ganz rechts) zu sehen, der anläßlich des Kaiserjubiläums 1898 ausgeführt worden war, 1910 abgebrochen und dann durch den bis heute bestehenden Festsaaltrakt ersetzt wurde.

Der Festsaal in dem vom Hofbauarchitekten Emil Ritter von Förster geplanten und anläßlich des Kaiserjubiläums 1898 errichteten aufwendig gestalteten Festsaaltrakt. Der Festsaal, 39 Meter lang, 13 Meter breit und ebenso hoch, war mit Gemälden von Julius Schmid ausgestaltet und hatte schon Luster für elektrische Beleuchtung. Der Festsaaltrakt wurde wieder abgerissen und durch einen Neubau ersetzt, der aber zu Ende der Monarchie noch nicht fertiggestellt war.

Der aufwendig gestaltete Verbindungstrakt zwischen Neuer Burg und Palmenhaus, der noch vor Vollendung der Neuen Burg abgetragen wurde, weil er den Blick zur Hinterseite des Prunksaaltraktes behindert haben soll. Die Aufnahme vom 20. August 1905 zeigt den Verbindungstrakt in Bau.

Rechte Seite: Zwei Ansichtskarten aus dem Jahre 1911. Die obere Karte zeigt die Albertina auf der Augustinerbastei und vor dem Gebäude das 1899 enthüllte Denkmal für Feldmarschall Erzherzog Albrecht. Ganz rechts ist über der Albrechtsrampe, die einst auf die Bastei führte, die Augustinerkirche zu sehen. Die Basteimauer ließ Kaiser Franz Joseph 1869 mit einem monumentalen Brunnen ausgestalten.
Auf der unteren Ansichtskarte von der Babenbergerstraße ist im Hintergrund die nach außen fertiggestellte Neue Burg mit dem Corps de Logis zu erkennen, ganz links das Kunsthistorische Museum.

Franz Josefbrunnen mit Monument Erzherzog Albrecht
Augustiner Hof-Pfarrkirche
152 P. Leclerc, Wien V.
Wien I.

Wien, I. Babenbergerstraße
mit neuer Hofburg.

Ferdinand Kirschner studierte in Wien Architektur an der Akademie und absolvierte bautechnische Fächer am polytechnischen Institut, heute Technische Universität. Seit 1858 im Hofbaudienst, leitete er zunächst Sanierungsarbeiten an den Burgen in Ofen und Prag. Anläßlich der Königskrönung von Franz Joseph und Elisabeth in Ofen im Juni 1867 hat Ungarn dem Herrscherpaar das nördlich der Stadt gelegene 7.000 ha umfassende Gut Gödöllö zum Geschenk gemacht. Kirschner wurde beauftragt, das etwas verwahrloste Schloß Gödöllö zu sanieren und auszugestalten, was ihm innerhalb von vier Monaten in hervorragender Weise gelang. So fiel die Wahl des Kaisers auf ihn, als 1870 die Stelle des Burghauptmanns in Wien neu zu besetzen war. Neben anderen Adaptierungsarbeiten besorgte Burghauptmann Kirschner 1874 die Ausgestaltung des Appartements von Kronprinz Rudolf in der Alten Burg und 1876 die Herstellung des Badezimmers von Kaiserin Elisabeth in der Amalienburg. Den Höhepunkt seiner Laufbahn hatte Architekt Kirschner erreicht, als ihn der Kaiser 1889 mit der Planung und Bauleitung des Michaelertraktes betraute.

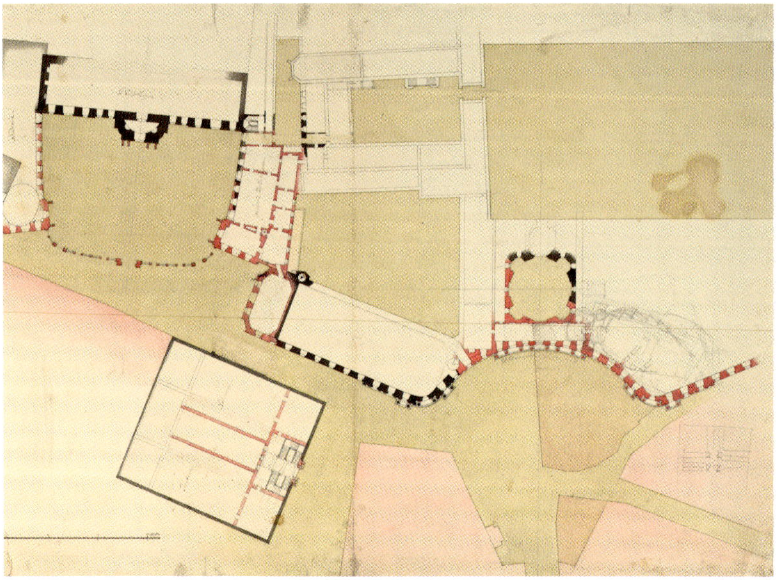

Anonymes Projekt zur Umgestaltung der Hofburg gegen den später sogenannten Josefsplatz (links) und den Michaelerplatz in Ansicht (oben) und Grundriß. Die vorzüglich ausgeführten Pläne entstanden um 1770. Die Frage der Einheitlichkeit der drei Hofburgfassaden gegen den Josefsplatz ist von Nicolaus Pacassi in anderer Weise gelöst worden. Dagegen kommt die Darstellung des Michaelertraktes rechts davon der Ausführung mehr als ein Jahrhundert später sehr nahe. Insbesondere sind bereits – soweit bekannt erstmalig – drei Kuppeln dargestellt.

Es haben vom römisch-deutschen Kaiser Ferdinand I., der um 1533 seinen ständigen Sitz in Wien nahm, bis zur Abdankung des österreichischen Kaisers Ferdinand I. im Jahre 1848 fast alle regierenden Habsburger zumindest teilweise in der ehemaligen Babenbergerburg, der Alten Burg, gewohnt und residiert. Sie blieb das Herz der Hofburg. Auch Franz Joseph I. hat, bevor er nach 1848 als Kaiser Quartier im Reichskanzleitrakt nahm, als Erzherzog in der Alten Burg gewohnt. Aus seiner Regierungszeit sind genaue Aufzeichnungen über die Raumwidmungen in der Hofburg vorhanden, die in den folgenden vier schematischen Geschoßdarstellungen der Alten Burg enthalten sind. Die Nummern der Legende entsprechen denen im Stockwerksplan. Die Jahreszahlen bezeichnen den Zeitpunkt, zu dem die angegebene Raumwidmung bestand und bedeuten im allgemeinen nicht den Anfang oder das Ende dieser Raumwidmung.

Der Michaelerplatz, dargestellt von Carl Postl um 1790. Die unter Karl VI. nach Plänen Joseph Emanuel Fischer von Erlachs 1729 – 1735 errichtete Winterreitschule endet abrupt am Gebäude des alten Hofburgtheaters, das einer Umsetzung der Pläne Fischer von Erlachs nicht nur für den Michaelertrakt der Hofburg im Wege stand. Auch der Reichskanzleitrakt endete im Bereich des Hofburgtheaters und einiger Privathäuser (rechts im Bild) als Torso. Links im Bild das Westportal der Michaelerkirche.

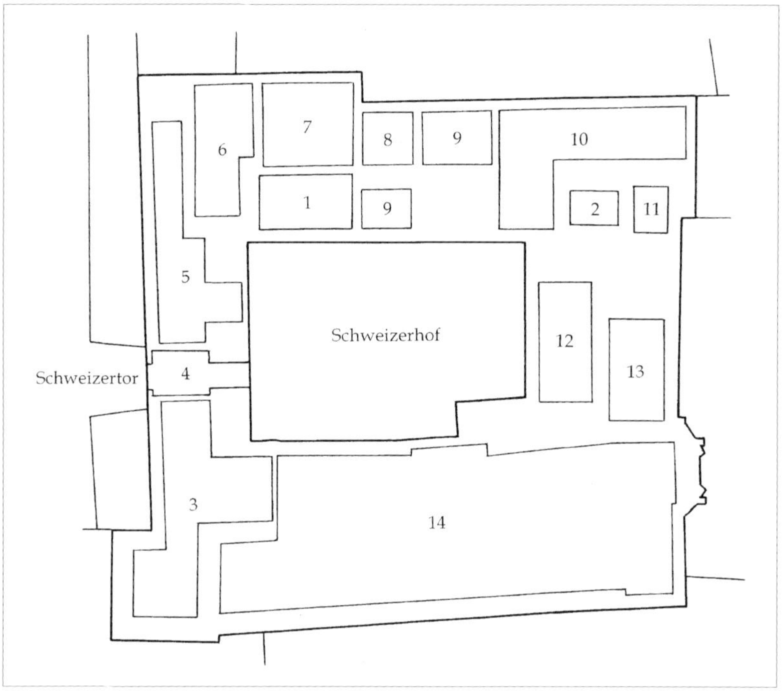

Raumwidmungen im Erdgeschoß der Alten Burg

1. Säulenstiege, angelegt unter Kaiserin Maria Theresia nach Plänen von Nicolas Jadot.
2. Zehrgadenstiege. Der Name kommt vom Zehrgaden, dem Viktualienmagazin der Hofküche, das sich in ihrem Bereich befand.
3. 1881 Wachzimmer der Hofburg-Wache. 1887, 1916 Wachzimmer der Leibgarde-Infanterie-Kompanie, die Kaiser Franz Joseph aus der Hofburg-Wache gebildet hatte.
4. Schweizertor, ein reich bemaltes Renaissanceportal des 16. Jahrhunderts. Davor befand sich bis ins 18. Jahrhundert eine Zugbrücke, die nachts aufgezogen wurde. Benannt ist das Tor nach der Schweizergarde, die Kaiserin Maria Theresia 1748 zur Bewachung der Burg einsetzte.
5. 1849 Prinzenküche, bestimmt für die drei Brüder von Kaiser Franz Joseph.
6. 1849, 1887 Burgtheater-Zuckerbäckerei.
7. 1906, 1916 Hofwirtschaftsamt.
8. 1881, 1906 Feuerwache.
9. 1849, 1906 Tapeziererei.
10. 1881, 1906 Hof-Zehrgaden.
11. 1881 Wäschekammer. 1893, 1902 Lichtkammer, wo die Utensilien für die Beleuchtung der Hofburg aufbewahrt wurden.
12. 1881, 1916 Mundküche (Kaiserküche).
13. 1881 Mehlspeisküche, später Olioküche, die diesen Namen von einer besonders kräftigen Fleischsuppe erhielt.
14. 1881, 1916 Hofküche samt großer Fleischküche, verbunden mit Servierraum und Kühlraum.

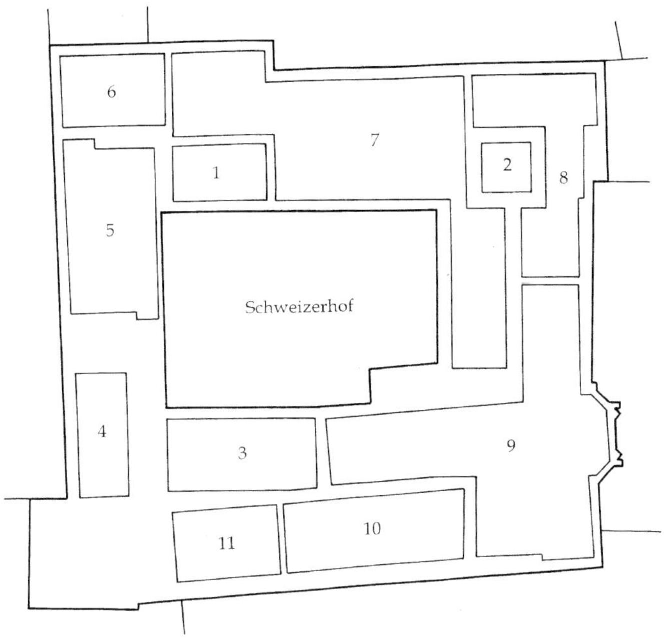

Raumwidmungen im Mezzanin der Alten Burg

1. Säulenstiege.
2. Zehrgadenstiege.
3. Botschafterstiege, unter Kaiserin Maria Theresia nach Plänen von Jean Nicolas Jardot angelegt. Über sie erreichten Botschafter und Gesandte fremder Mächte die Zeremonialräume zu festlichen Empfängen.
4. 1897, 1902 Königlich ungarische Garde. 1906, 1916 Wachzimmer der Leibgarde-Infanterie-Kompanie.
5. 1887, 1902 Wohnung des Burghauptmanns.
6. 1887, 1916 ein Teil der Schatzkammer.
7. 1881, 1916 Generaldirektion der Allerhöchsten Fonde und Privatkasse des Kaisers.
8. 1881, 1916 Burghauptmannschaft.
9. 1881, 1916 Hofburgkapelle mit Nebenräumen und Geistliche Schatzkammer.
10. 1881, 1893 Kanzlei und Garderobe des Ordens vom Goldenen Vließ.
11. 1887, 1893 Arcieren-Leibgarde

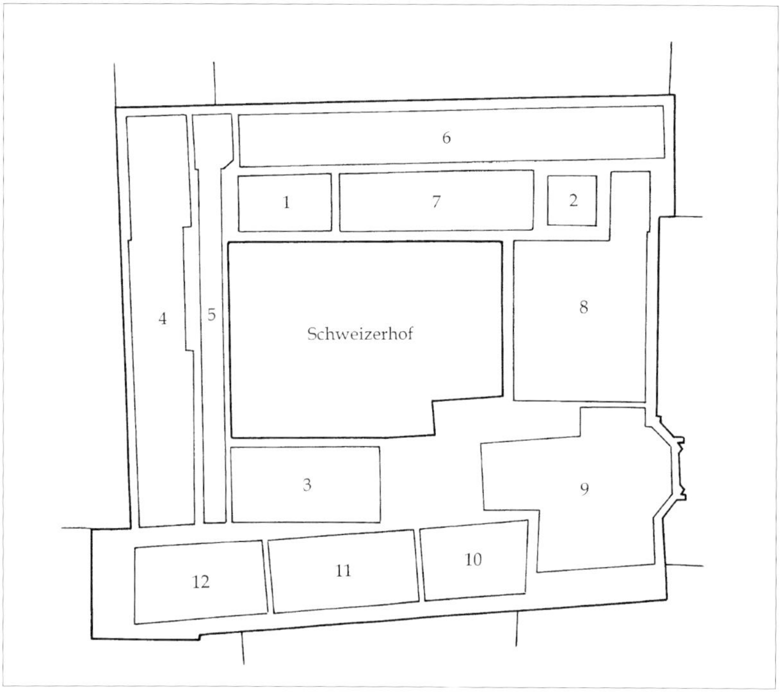

Raumwidmungen im ersten Stock der Alten Burg

1. Säulenstiege.
2. Zehrgadenstiege.
3. Botschafterstiege.
4. Seit 1849 Appartement von Generalfeldmarschall Radetzky, nach dessen Tod 1858 Gäste-Appartement, genannt Radetzky-Appartement.
5. 1887, 1916 Theatergang. Als das alte Burgtheater noch bestand, war hier der Zugang von den kaiserlichen Gemächern in das Theater.
6. 1893 Appartement von Exzellenz Gräfin Goeß. 1902, 1916 Gäste-Appartement, genannt großes Goeß-Appartement.
7. 1887, 1893 Appartement von Exzellenz Gräfin Goeß. 1902, 1916 Gästeappartement, genannt kleines Goeß-Appartement.
8. Wohnung des Obersthofmeisters von Kaiser Franz II. (I.)
9. 1887, 1916 Luftraum der Hofburgkapelle, Oratorien, im besonderen das Kaiseroratorium.
10. 1887, 1916 Trabantenstube
11. 1850, 1916 Ritterstube, später auch Rittersaal genannt. Zusammen mit Trabantenstube 10 und Antekammer 12 liegt die Ritterstube im ältesten Teil der Hofburg, dort wo sich der *Palas* der Babenberger befand.
12. 1850, 1916 Antekammer. Versammlungsraum für die zu Festlichkeiten bei Hof geladenen Persönlichkeiten.

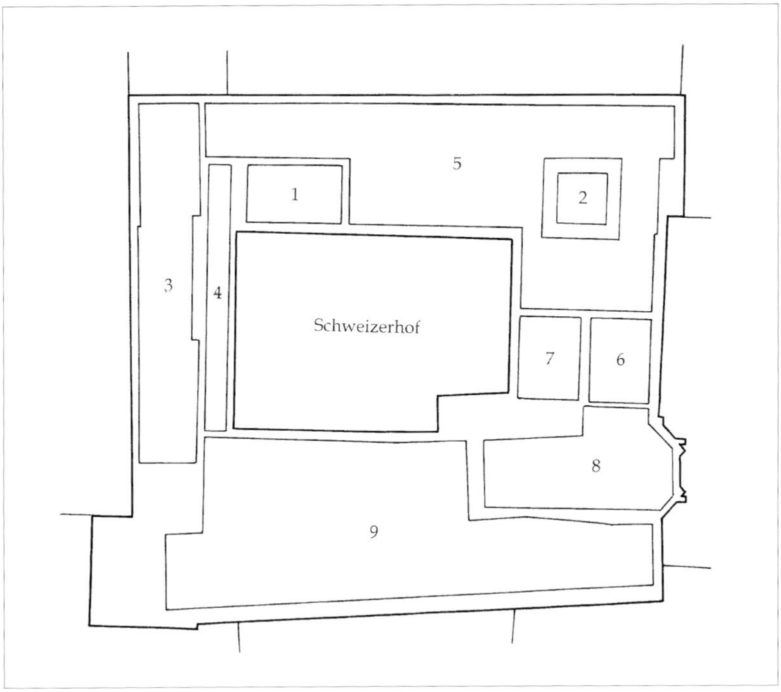

Raumwidmungen im zweiten Stock der Alten Burg

1. Säulenstiege.
2. Zehrgadenstiege.
3. Hauptteil des Appartements von Franz II. (I.). Der Kaiser benützte die Räume bis zu seinem Tod 1835. Danach wohnte darin bis 1848 Erzherzog Franz Joseph, der spätere Kaiser Franz Joseph I.
   1893, 1916 Gondrecourt-Appartement. General Graf Gondrecourt war der strenge Erzieher von Kronprinz Rudolf als Kind.
4. Der Gang vor dem Gondrecourt-Appartement, genannt Gondrecourt-Gang.
5. 1887, 1916 Kabinettskanzlei des Kaisers.
6. 1887 Appartement von Graf Bombelle, dem Obersthofmeister des Kronprinzen Rudolf, später Bombelle-Appartement genannt.
7. 1887 Appartement von Graf Bellegarde, Generaladjutant von Kaiser Franz Joseph.
8. Luftraum der Hofburgkapelle und Oratorium.
9. Wohnung der Witwe von Kaiser Franz II. (I.), Kaiserin Karoline Augusta; nach deren Tod 1874 Junggesellen-Appartement des Kronprinzen Rudolf.

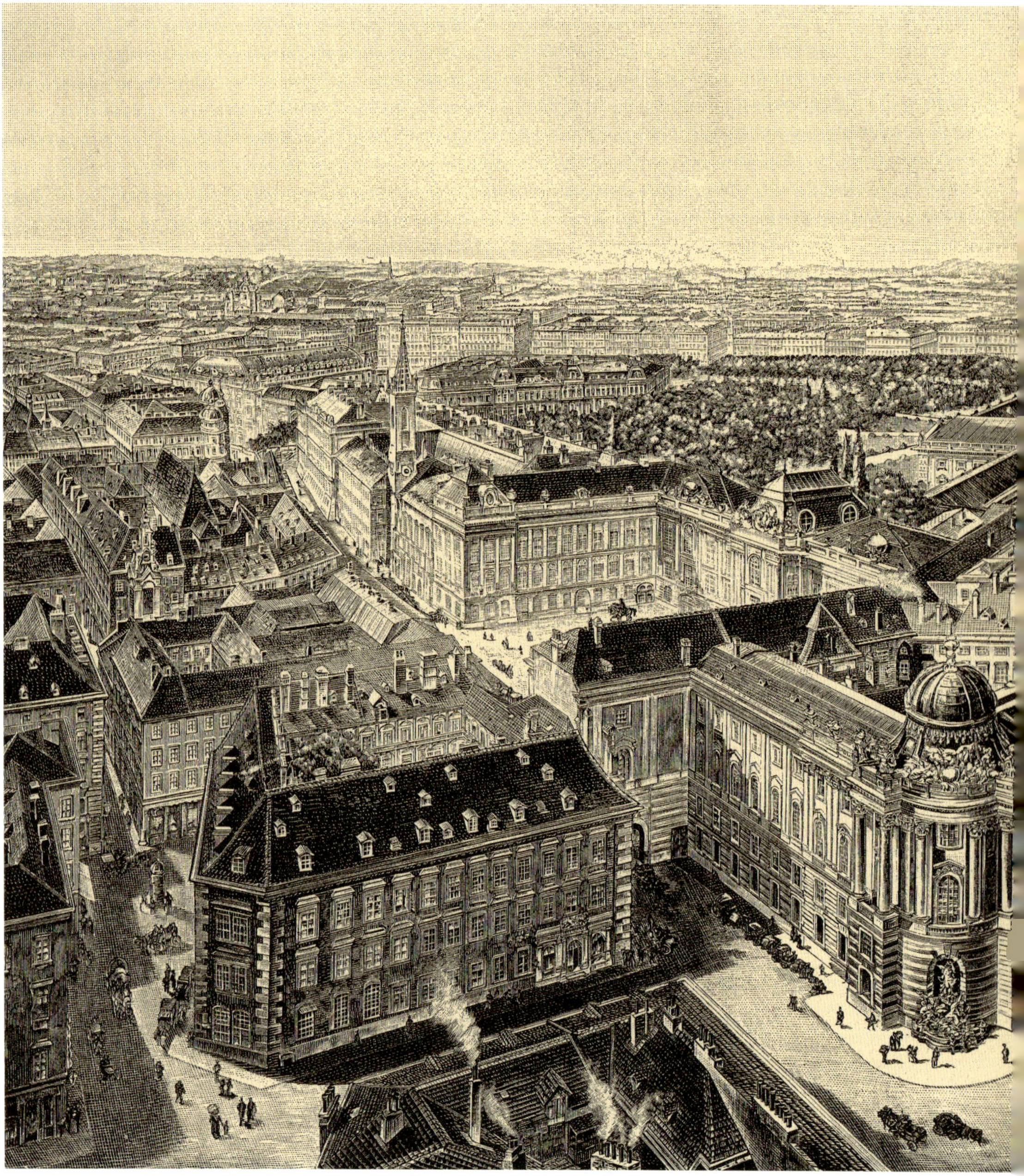

Vogelschaubild des Hofburgkomplexes nach Vollendung des Michaelertraktes 1897. Der früher formal eher unbedeutende stadtseitige Eingang der Hofburg liegt nun monumental in einem kuppelbekrönten Mittelrisalit, von dem zwei bogenförmige Flügel zu Eckrisaliten mit kleineren Kuppeldächern und je einer Brunnengruppe führen. Von hier begrenzen links die Reitschulgasse und rechts die Schauflergasse mit dem anschließenden Ballhausplatz den Hofburgkomplex. Links der Reitschulgasse liegt die Stallburg, rechts von ihr die Winterreitschule. Den anschließenden Josefsplatz beherrscht der Prunksaaltrakt, flankiert vom Augustiner- und Redoutensaaltrakt. An der anschließenden Augustinerstraße liegen – wieder rechts – die Augustinerkirche, das Augustinerkloster und die Albertina.

Hinter dem Josefsplatz sind die Bäume des Burggartens zu sehen. Hinter dem Michaelertrakt liegt der Franzensplatz, begrenzt links von der Alten Burg mit dem Schweizerhof, rechts von der Amalienburg, dem Beschauer gegenüber vom Leopoldinischen Trakt und auf der dem Beschauer zugekehrten Seite vom Reichskanzleitrakt. Hinter dem Leopoldinischen Trakt breitet sich der Heldenplatz bis zum Äußeren Burgtor aus, hinter dem jenseits der Ringstraße links das Kunsthistorische Museum, rechts das Naturhistorische Museum zu erkennen sind. Links wird der Heldenplatz durch die Neue Hofburg begrenzt, rechts schließt der Volksgarten an. Die zusammenhängenden Teile der Hofburg, wie sie die Monarchie hinterließ, haben einen Rauminhalt von eineinhalb Millionen Kubikmetern.

Das letzte Mitglied der kaiserlichen Familie, das in der einstigen Babenbergerburg wohnte, war Kronprinz Erzherzog Rudolf, einziger Sohn von Kaiser Franz Joseph und Kaiserin Elisabeth. Das Bild zeigt ihn in der Uniform eines Feldmarschall-Leutnants. Kronprinz Rudolf war Herausgeber des vielbändigen Werkes „Die österreichisch-ungarische Monarchie in Wort und Bild", genannt Kronprinzenwerk. Er zerrüttete seine Gesundheit durch Ausschweifungen und fand schließlich gemeinsam mit seiner Geliebten Mary Freiin von Vetsera den Freitod. Das Ende des Kronprinzen bedeutete für die Habsburgerdynastie eine ähnliche Katastrophe wie der Schlachtentod Herzog Friedrichs II. für die Babenberger.
Nach dem Tod von Kaiserin Karoline Augusta, der Witwe seines Urgroßvaters Kaiser Franz II. (I.) im Jahre 1874 erhielt der damals 16-jährige Kronprinz Rudolf deren Appartement im 2. Stock der Alten Burg, das er bis zu seinem Tod bewohnte. Von den Fenstern seiner Wohnräume führte der Blick auf den Heldenplatz, die Ringstraße und bis zu den Hügeln des Wienerwaldes. In seinem Appartement empfing Kronprinz Rudolf auch seine Geliebte Mary Freiin von Vetsera. Noch am Vormittag des 28. Jänner 1889 empfing er hier als Kommandant der 25. Infanterie-Truppendivision den Generalstabschef dieses Truppenkörpers sowie seinen geheimen Pressereferenten. Gegen Mittag fuhr er dann nach Mayerling, von wo er nicht mehr lebend zurückkehrte.

Der sogenannte Ahnensaal. Er wurde von Burghauptmann Ferdinand Kirschner für Kronprinz Rudolf in seinem Appartement in der Alten Burg eingerichtet und als Speisesaal genutzt. Die zwölf Porträts in der Wandtäfelung – im Bild von links nach rechts Karl VI., Maria Theresia, Joseph II., Franz II. (I.) und Franz Joseph I. – zeigten Rudolf die Bedeutung seiner Vorfahren.

Im 3. Stock lagen die Wohnungen von Hofbediensteten, deren Anwesenheit im Hause wichtig schien. Dazu gehörten Beleuchtungsinspizient, Hofkoch, Hof-Zimmeraufseher, Kammerdiener, Kutscher, Mobilienaufseher, Saalkammerdiener, Saaltürhüter und Tafelinspektor sowie Extrawäscherin, Hofwäscheverwahrerin, Kammerdienerin, Köchin, Silberwäscherin und Wäschegehilfin. Im Jahre 1881 wird im 3. Stock das Ankleidezimmer der Kapelle von Hofballmusikdirektor Eduard Strauß angeführt.

Die Alte Burg beherbergte demnach auch noch zur Zeit Kaiser Franz Josephs außer Wohnungen wichtige Einrichtungen des Hofes. So befanden sich hier neben der bis heute genutzten Hofburgkapelle die einzigartige Schatzkammer des Hauses Habsburg, weiters die 1580 als Burggrafenamt gegründete Burghauptmannschaft, Räume der Leibgarden und die Hofküche. Burghauptmannschaft und Schatzkammer sind noch heute in der Alten Burg untergebracht. Mit dem Ende der Monarchie war die sieben Jahrhunderte überspannende bauliche Entwicklung der Herrscherresidenz Hofburg zwangsläufig abgeschlossen.

Ausfahrt von Franz Joseph I. durch das erst gegen Ende der Regierungszeit des Kaisers geschaffene Michaelertor, dargestellt in einem Aquarell von Ernst Graner. Das gewaltige schmiedeeiserne Gittertor ist zu einem Wahrzeichen Wiens geworden.

Stammtafeln der in Österreich regierenden Babenberger und Habsburger

Stammtafel der Markgrafen, ab 1156 Herzöge der Babenberger. In Klammern die Lebensdaten, danach die Zeit der Regentschaft in Österreich.

- Leopold I. (gest. 994) 976–994
  - Heinrich I. (gest.1018) 994–1018
  - Adalbert (gest. 1055) 1018–1055
    - Ernst (gest. 1075) 1055–1075
      - Leopold II. (gest. 1095) 1075–1095
        - Leopold III. (gest. 1136) 1095–1136
          - Leopold IV. (gest. 1141) 1136–1141
          - Heinrich II. (1114–1177) 1141–1177
            - Leopold V. (1157–1194) 1177–1194
              - Friedrich I. (gest. 1198) 1195–1198
              - Leopold VI. (1176–1230) 1198–1230
                - Friedrich II. (1210–1246) 1230–1246

Stammtafel der in Österreich regierenden Mitglieder des Hauses Habsburg.
In Klammern die Lebensdaten, danach die Zeit der Regentschaft in Österreich.
Namen der Könige und Kaiser in Fettdruck.

Rudolf I.
(1218–1291)
1276–1282

Albrecht I.
(um 1255–1308)
1282–1308

Rudolf II.
(1271–1290)
1282–1283

Rudolf III.
(1281–1307)
1298–1307

Friedrich der Schöne
(um 1286–1330)
1308–1330

Albrecht II.
(1298–1358)
1330–1358

Otto der Fröhliche
(1301–1339)
1330–1339

Rudolf IV. der Stifter
(1339–1365)
1358–1365

Albrecht III.
(1350–1395)
1365–1395

Leopold III.
(1351–1386)
1365–1379

Albrecht IV.
(1377–1404)
1395–1404

Ernst der Eiserne
(1377–1424)

Albrecht V. **(II.)**
(1397–1439)
1404–1439

Friedrich V. **(III.)**
(1415–1493)
1439–1490

Ladislaus Posthumus
(1440–1457)

Maximilian I.
(1459–1519)
1490–1519

Philipp I. der Schöne
(1478–1506)

Karl V.
(1500–1558)
1519–1521

Ferdinand I.
(1503–1564)
1521–1564

Maximilian II.
(1527–1576)
1564–1576

Karl von Steiermark
(1540–1590)

Rudolf II.
(1552–1612)

Ernst
(1553–1595)
1576–1593

Matthias
(1557–1619)

Maximilian
(1558–1618)
1593–1595

Ferdinand II.
(1578–1637)
1595–1637

Ferdinand III.
(1608–1657)
1637–1657

Leopold I.
(1640–1705)
1657–1705

Joseph I.
(1678–1711)
1705–1711

Karl VI.
(1685–1740)
1711–1740

Maria Theresia ⚭ **Franz I. Stephan**
(1717–1780) (1708–1765)
1740–1780

Joseph II.
(1741–1790)
1780–1790

Leopold II.
(1747–1792)
1790–1792

Franz II. (I.)
(1768–1835)
1792–1835

Ferdinand I.
(1793–1875)
1835–1848

Franz Karl
(1802–1878)

Franz Joseph I. ⚭ Elisabeth in Bayern
(1830–1916) (1837–1898)
1848–1916

Karl Ludwig
(1833–1896)

Rudolf, Kronprinz
(1858–1889)

Franz Ferdinand
(1863–1914)

Otto
(1865–1906)

Karl I.
(1887–1922)
1916–1918

Quellen und Literaturauswahl

Antoine, Franz: Der Wintergarten in der kaiselichen königlichen Hofburg zu Wien. Wien 1852.

Arneth, Jos. C.: Geschichte des Kaiserthumes Oesterreich. Wien 1827.

Benedik, Christian: Die herrschaftlichen Appartements. In: Österreichische Zeitschrift für Kunst und Denkmalpflege. Jg. 51. Heft 3/4. Wien 1997.

Bermann, Moriz: Alt- und Neu-Wien. Wien-Pest-Leipzig 1880.

Boehn, Max von: Menschen und Moden im Mittelalter. 6. Aufl. München 1963.

Brauneis, Walther: Die Freilegung romanischer Bauteile in der Wiener Schottenkirche. In: Österreichische Zeitschrift für Kunst und Denkmalpflege. Jg. 24. Wien 1970.

Bruhn, Wolfgang – Tilke, Max: Das Kostümwerk. Berlin 1941.

Büttner, Rudolf: Burgen und Schlösser – Dunkelsteiner Wald. Wien 1973.

Cachée (Korzer), Josef: Die Hofküche des Kaisers. Wien 1985.

Csendes, Peter: Die Straßen Niederösterreichs im Früh- und Hochmittelalter. Dissertation an der Universität Wien. Wien 1969.

Csendes, Peter: Die Aufenthaltsorte der Babenberger in Niederösterreich und Steiermark. In: Jahrbuch des Vereins für Geschichte der Stadt Wien. Bd. 34. Wien 1978.

Cuspinian (Spießheimer), Johann: Historische Topographie von Oesterreich. 1553.

Decker-Hauff, Hansmartin: Spätromanische Fürstenbilder auf der Komburg. In: Jahrbuch des Historischen Vereins für Württembergisch Franken. Neue Folge 28/29. Schwäbisch Hall 1954.

Dehio-Handbuch Niederösterreich nördlich der Donau. Wien 1990.

Dehio-Handbuch Niederösterreich südlich der Donau. 2 Bde. Horn-Wien 2003.

Dehio-Handbuch Wien. I. Bezirk – Innere Stadt. Horn- Wien 2003.

Dehio-Handbuch Wien. II. – IX. und XX. Bezirk. Wien 1993.

Dehio-Handbuch Wien X. – XIX. und XXI. – XXIII. Bezirk. Wien 1996.

Dreger, Moriz: Baugeschichte der k.k. Hofburg in Wien. In: Österreichische Kunsttopographie. Bd.14. Wien 1914.

Eberle, Ludwig: Das Kriegskanzleihaus Am Hof. Wien 1913.

Egger, Hanna: Das Nachleben der babenbergischen Epoche in der bildenden Kunst des 19. Jahrhunderts. In: Katalog der Ausstellung *1000 Jahre Babenberger in Österreich*. Stift Lilienfeld 1976.

Eheim, Fritz: Zur Geschichte der Beinamen der Babenberger. In: Unsere Heimat. Jg. 26. Wien 1955.

Fichtenau, Heinrich: Die Kanzlei der letzten Babenberger. In: Mitteilungen des Instituts für österreichische Geschichtsforschung. Bd. 56. Graz 1948.

Fischer, Leopold: Brevis notitia urbis Vindobonae. Wien 1772.
Frey, Dagobert – Grossmann, Karl: Die Denkmale des Stiftes Heiligenkreuz. In: Österreichische Kunsttopographie. Bd. 19. Wien 1926.
Fuhrmann, Matthias: Historische Beschreibung und kurz gefaßte Nachricht von der Römisch-Kaiserlichen und Königlichen Residenzstadt Wien und ihren Vorstädten, Teil 3. Wien 1770.
Fundberichte aus Österreich, hgg. vom Bundesdenkmalamt. Bd. 44/2005. Wien 2006.
Gerhartl, Gertrud: Wiener Neustadt – Geschichte, Kunst, Kultur, Wirtschaft. 2. Aufl. Wien 1993.
Ginhart, Karl: Die romanische Bildnerei in Wien. In: R.K.Donin, Geschichte der bildenden Kunst in Wien, Bd. 1. Wien 1944.
Grimschitz, Bruno: Johann Lucas von Hildebrandt. Wien-München 1959.
Groner, Richard: Wien wie es war. Wien-Leipzig 1922.
Guglia, Eugen: Geschichte der Stadt Wien. Wien-Prag-Leipzig 1892.
Halmer, Felix: Burgen und Schlösser zwischen Baden, Gutenstein, Wiener Neustadt. Wien 1968.
Halmer, Felix: Die Feste Starhemberg in Niederösterreich. 2. Aufl. Oberwart 1996.
Hanzl, Liselotte – Ottilinger, Eva B. – Rizzi, Wilhelm Georg: Wohnen in der Hofburg – Das Appartement Kaiser Franz' II. (I.) in: Österreichische Zeitschrift für Kunst und Denkmalpflege. Jg. 51. Heft 3/4. Wien 1997.
Herrmann, Wolfgang: Balthasar Neumanns Umbauprojekte für die Wiener Hofburg. In: Zeitschrift für Denkmalpflege. 2. Jg. Wien-Berlin 1927/28.
Hofmann, Gottfried: Dürnstein – Kunst und Geschichte. Krems 1952.
Holzschuh-Hofer, Renate: Die Wiener Hofburg im 16. Jahrhundert – Festungsresidenz Ferdinands I. In: Österreichische Zeitschrift für Kunst und Denkmalpflege. Jg. 61. Heft 2/3. Horn-Wien 2007.
ibf-spektrum vom 15. Juni 1987.
Judtmann, Fritz: Mayerling ohne Mythos. Wien 1968.
Jungwirth, Johann: Fortschritte bei der Identifizierung der in Stift Melk beigesetzten Babenberger. In: Mitteilungen der Anthropologischen Gesellschaft in Wien. Bd. 107. Wien 1977.
Jungwirth, Johann – Winkler, Eike-Meinrad: Anthropologischer Befund der Skelette von Cimburgis von Masovien, Margarethe von Österreich und Herzog Leopold VI. aus den Fürstengräbern im Stift Lilienfeld, Niederösterreich. In: Mitteilungen der Anthropologischen Gesellschaft in Wien. Bd. 109. Horn-Wien 1979.
Karajan, Theodor Georg von: Die alte Kaiserburg zu Wien. Wien 1863.
Karches, Friedrich: Die Wehranlagen der Stadt Hainburg an der Donau. Hainburg 1978.
Kastner, Richard H.: Glanz und Glorie. Die Wiener Hofburg unter Kaiser Franz Joseph. Wien 2004.

Katalog der Ausstellung *Romanische Kunst in Österreich.* 2. Aufl. Krems 1964.
Katalog der Ausstellung *Wiener Neustadt – Festung, Residenz, Garnison.* Wiener Neustadt 1972.
Katalog der Ausstellung *1000 Jahre Babenberger in Österreich.* Stift Lilienfeld 1976.
Katalog der Ausstellung *Gottfried Semper zum 100. Todestag* 1979 im Albertinum zu Dresden. Staatliche Kunstsammlungen Dresden; Institut für Denkmalpflege, Arbeitsstelle Dresden. 2. Aufl. München 1980.
Katalog der Ausstellung anläßlich des 900-Jahr-Jubiläums der ersten Erwähnung der Marienkirche von Nivenburg. Stift Klosterneuburg 2008.
Kieslinger, Alois: Der Bau von St. Michael in Wien und seine Geschichte. In: Jahrbuch des Vereines für Geschichte der Stadt Wien. Bd. 10. Wien 1953.
Kirschner, Ferdinand: Der Ausbau der Hofburg gegen den Michaelerplatz. In: Zeitschrift des Österreichischen Ingenieur- und Architekten-Vereines. Jg. 46. Wien 1894.
Kisch, Wilhelm: Die alten Straßen und Plätze Wiens und ihre historisch interessanten Häuser. Wien 1883.
Klaar, Adalbert: Baupläne der alten Wiener Hofburg. In: Anzeiger der phil.-hist. Klasse der Österreichischen Akademie der Wissenschaften. Jg. 1958. Wien 1959.
Klaar, Adalbert: Die mittelalterliche Wiener Hofburg. In: Österreichische Zeitschrift für Kunst und Denkmalpflege. Jg. 16. Wien 1962.
Klaar, Adalbert: Ein Beitrag zur Baugeschichte der mittelalterlichen Burg in Wiener Neustadt. In: Alma mater Theresiana. Jahrbuch 1962.
Klaar, Adalbert: Die Burgen Gars-Thunau, Raabs und Schallaburg. In: Unsere Heimat. Jg. 36. Wien 1965.
Klaar, Adalbert: Die Siedlungsformen Wiens. In: Wiener Geschichtsbücher. Bd. 8. Wien-Hamburg 1971.
Klaar, Adalbert: Österreichische Burganlagen im Hochmittelalter. In: Veröffentlichungen der Österreichischen Arbeitsgemeinschaft für Ur- und Frühgeschichte. Bd. 5 (Burgen- und Siedlungsarchäologie des Mittelalters). Wien 1971.
Klaar, Adalbert: Beiträge zu Planaufnahmen österreichischer Burgen, Niederösterreich. Teil 1. In: Anzeiger der phil.-hist. Klasse der Österreichischen Akademie der Wissenschaften. Jg. 1972. Wien 1973.
Klaar, Adalbert: Eine bautechnische Untersuchung des Altstiftes von Klosterneuburg. In: Jahrbuch des Stiftes Klosterneuburg. Neue Folge Bd. 9. Wien-Köln-Graz 1975.
Klaar, Adalbert: Zur Baugeschichte des Zisterzienserstiftes Lilienfeld. In: Jahrbuch für Landeskunde von Niederösterreich. Neue Folge 42. Wien 1976.

Koch, Bernhard: Münzen der Babenbergerzeit. In: Katalog der Ausstellung *1000 Jahre Babenberger in Österreich*. Stift Lilienfeld 1976.

Kralik, Richard – Schlitter, Hans: Wien – Geschichte der Kaiserstadt und ihrer Kultur. Wien 1912.

Kralik, Richard von: Die deutsche Arbeit der Babenberger. In: Ruhmeshalle deutscher Arbeit in der österreichisch-ungarischen Monarchie, hgg. von Adam Müller-Guttenbrunn. Stuttgart-Berlin 1916.

Kühnel, Harry: Die Hofburg zu Wien. Graz-Köln 1964.

Kühnel, Harry: Die materielle Kultur Österreichs zur Babenbergerzeit. In: Katalog der Ausstellung *1000 Jahre Babenberger in Österreich*. Stift Lilienfeld 1976.

Kummer, Edmund: Melk in der Babenbergerzeit. In: 112. Jahresbericht des öffentlichen Stiftsgymnasiums der Benediktiner zu Melk a.d.D. Melk 1970.

Lazius, Wolfgang: Vienna Austriae. Basel 1546.

Lechner, Karl: Die Babenberger. 6. Aufl. Wien-Köln-Weimar 1996 (1. Aufl. 1976).

Lhotsky, Alphons: Führer durch die Burg zu Wien. Teil 1. Wien 1939.

Lhotsky, Alphons: Die Baugeschichte der Museen und der Neuen Burg. Wien 1941.

Lhotsky, Alphons: Privilegium maius – Die Geschichte einer Urkunde. Wien 1957.

Lind, Karl: Mittelalterliche Baudenkmale. In: Die österreichisch-ungarische Monarchie in Wort und Bild *(Kronprinzenwerk)*. Bd. Wien. Wien 1886.

List, Guido von: Die Babenberger. In: Österreichs Hort. Bd. 1. Wien 1910.

Mayer, Anton: Der österreichische Erzherzogshut. In: Berichte und Mitteilungen des Altertums-Vereines zu Wien. Band 42. Wien 1909.

Mayreder, Karl: Stadtentwicklung. In: Wien am Anfang des XX. Jahrhunderts. Bd. 1. Wien 1905.

Mitis, Oskar von: Studien zum älteren österreichischen Urkundenwesen. Wien 1912

Müller-Guttenbrunn, Adam: Wanderung durch Altösterreich. Wien-Leipzig 1928.

Mußbacher, Norbert: Das Stift Lilienfeld. In: Heimatkunde des Bezirkes Lilienfeld. Bd. 1. 2. Aufl. Lilienfeld 1971.

Oettinger, Karl: Das Werden Wiens. Wien 1951.

Perger, Richard: Klosterneuburg im Mittelalter. In: Klosterneuburg – Geschichte und Kultur. Bd. 1. Klosterneuburg (o.J.).

Petermann, Reinhard Egon: Wien von Jahrhundert zu Jahrhundert. Wien-Leipzig-New York 1927.

Piper, Otto: Österreichische Burgen. 8 Bde. Wien 1902–1910.

Rapf, Coelestin: Das Wiener Schottenstift zur Babenbergerzeit. In: Katalog der Ausstellung *1000 Jahre Babenberger in Österreich*. Stift Lilienfeld 1976.

Realis (Gerhard Robert Walter von Coeckelberghe-Dützele): Die kaiserliche Burg in Wien. 2. Aufl. Wien 1853.
Röhrig, Floridus: Der Babenberger-Stammbaum im Stift Klosterneuburg. Wien 1975.
Röhrig, Floridus: Die Burgendarstellungen auf dem Babenberger-Stammbaum in Klosterneuburg. In: Zeitschrift des Österreichischen Burgenvereines. Jg. 12/1976.
Röhrig, Floridus: Das Stift Klosterneuburg und seine Kunstschätze. Wien-Klosterneuburg 1994.
Schimmer, Carl August: Geschichte von Wien. Wien 1844.
Schimmer, Karl Eduard: Alt und Neu Wien. Bd. 1. 2. Aufl. Wien-Leipzig 1904.
Schmidt, Leopold: Die Volkskultur der romanischen Epoche in Österreich. In: Mitteilungen des Kremser Stadtarchivs 4. Krems 1964.
Schönbauer, Leopold: Das medizinische Wien. Berlin-Wien 1944.
Schrötter, Franz Ferdinand: Grundriß des österreichischen Staatsrechtes. Wien 1775.
Schwarz, Mario: Die mittelalterliche Hofburg in Wien – Eine spätstaufische Kastellburg. In: Österreichische Zeitschrift für Kunst und Denkmalpflege. Jg. 51. Heft 3/4. Wien 1997.
Schwertfeger, Josef: Vienna gloriosa. Wien 1923.
Sedlmayr, Hans: Johann Bernhard Fischer von Erlach. Stuttgart 1997.
Seebach, Gerhard: Starhemberg – Residenz des letzten Babenbergers. In: Zeitschrift des Österreichischen Burgenvereines. Jg. 11. Wien 1975.
Stundner, Franz: Aus der Geschichte Dürnsteins. In: Dürnstein – Eine Burgstadt vom Mittelalter bis zur Gegenwart. Dürnstein 1976.
Thiel, Erika: Geschichte des Kostüms. Berlin 1960.
Weiskern, Friedrich Wilhelm: Beschreibung der k.k. Haupt- und Residenzstadt Wien als der dritte Theil der österreichischen Topographie. Wien 1770.

Namensregister.

(In Klammern die Lebensdaten)

Ortsregister

Anhang

Wichtige Verkehrswege des Babenbergerlandes

Die Nummern der im Folgenden angeführten Verkehrswege beziehen sich auf die Übersichtskarte des Vorsatzblattes (nach P. Csendes, gestaltet von Peter Bleyel).

1 DONAU. Der Strom war die politische Mitte des Babenbergerlandes. Zusammen mit der nördlichen und der südlichen Donautalstraße war er der wichtigste Verkehrsweg. An ihm lagen mit Ausnahme von Gars-Thunau und Wiener Neustadt sämtliche Residenzorte der Babenberger. Den Strom überquerten Verkehrswege an Urfahren, so die Bernsteinstraße (4) bei Petronell, der Pleckete Weg (5) bei Trübensee, die Böhmstraße (7) bei St. Georgen und die Kamptalstraße (8) bei Hollenburg. Weitere Urfahre bestanden bei Deutsch Altenburg, bei Orth, bei Stadlau, im Bereich von Klosterneuburg - Korneuburg, bei Mautern und bei dem Ort Urfahr westlich von Weitenegg.

2 NÖRDLICHE DONAUTALSTRASSE. Sie war die Ausgangsbasis für die Kolonisation gegen Norden. Von Grein verlief sie über Persenbeug, Marbach, Weitenegg, Emmersdorf, Spitz, Dürnstein, Krems, Grunddorf, Grafenwörth, Neustift am Felde, Gaisruck, Stockerau, Korneuburg, Kagran, Probstdorf, Orth, Eckartsau, Engelhartstetten und Niederweiden zur March. Bei Marbach zweigte der Griessteig (11), bei Weitenegg der Steinerne Weg (10) nach Norden ab. Nach Krems, das lange Zeit der wirtschaftliche Mittelpunkt der Mark mit der ersten Münzstätte des Landes war, entfernte sich die Straße vom Hauptbett der Donau gegen den Wagram zu und überquerte bei Grunddorf den Kamp und die Kamptalstraße (8). Nahe Grafenwörth wurde die Böhmstraße (7) gekreuzt, bis Gaisruck hatte die Straße ein Stück mit dem Plecketen Weg (5) eine gemeinsame Trasse. Im Raum von Leobendorf zweigte die Ungarnstraße (3) ab. Zwischen Engelhartstetten und Niederweiden schloß sich die Straße der Bernsteinstraße (4) an.

3 UNGARNSTRASSE. Sie wird schon 1045 urkundlich genannt. Im Raum von Leobendorf zweigte sie von der nördlichen Donautalstraße (2) ab und führte über Stetten, Enzersfeld, Eibesbrunn, Pillichsdorf, Groß-Engersdorf, Gänserndorf, Weikendorf, Stripfing und Zwerndorf zur March. Im 11. Jahrhundert war sie für die Ungarische Mark ein wichtiger Verkehrsweg.

4 BERNSTEINSTRASSE. Sie war ein uralter Fernverkehrsweg von der Ostsee nach Italien, auf dem einst die Händler Bernstein an die Adria brachten. Von Süden kommend führte sie bei Bruck über die Leitha und bei Petronell, wo sie die südliche Donautalstraße (13) kreuzte, über die Donau nach Engelhartstetten, Niederweiden, Stillfried, Dürnkrut, Jedenspeigen, Niederabsdorf, Paltendorf, Hausbrunn, Bernhardsthal und weiter nach Lundenburg (Tschechei). Im Bereich zwischen Engelhartstetten und Niederweiden nahm sie die nördliche Donautalstraße

(2) auf, im Raum von Weikendorf wurde die Ungarnstraße (3) gekreuzt. Im 11. Jahrhundert war die Bernsteinstraße für die Ungarische Mark eine wichtige Aufmarschbasis. Später war sie bedeutsam in den Kämpfen zwischen dem deutschen König Rudolf I. und dem Böhmenkönig Ottokar II., der 1278 bei Dürnkrut den Tod fand.

5 PLECKETER WEG. Er wird schon 1083 urkundlich genannt. Vom Kamptal führte er über Straß im Straßertal in Richtung Hohenwarth, querte die Böhmstraße (7), verlief weiter in südöstlicher Richtung zur nördlichen Donautalstraße (2), deren Trasse er bis Gaisruck teilte, von dort zum Donauübergang bei Trübensee und nach Tulln an die südliche Donautalstraße (13).

6 RITTSTEIG. Er war ein bedeutender Fernverkehrsweg nach Mähren. Aus der Gegend von Mühlbach, wo er von der Böhmstraße (7) abzweigte oder, aus der Gegend von Krems durch das Straßertal kommend, sie kreuzte, führte er über Ravelsbach, Parisdorf, Limberg, Straning, Wartberg, Stoitzendorf, Röschitz, Schrattenthal, Obernalb nach Retz und weiter nach Znaim (Tschechei). Den Siedlungen wich er aus.

7 BÖHMSTRASSE. Sie schloß in Traismauer an die Seebergstraße an, überquerte bei St. Georgen die Donau und führte über Sebarn, Fels und Gösing am Wagram, Mühlbach, Klein-Burgstall, Reinprechtspölla, Maria Dreieichen, Walkenstein, Hötzelsdorf, Unterthumeritz, Zissersdorf nach Drosendorf und von dort weiter nach Böhmen. Nahe Grafenwörth wurde die nördliche Donautalstraße (2) überquert, zwischen Gösing und Mühlbach der Pleckete Weg (5), bei Mühlbach der Rittsteig (6), bei Reinprechtspölla der Polansteig (9).

8 KAMPTALSTRASSE. Sie schloß wie die Böhmstraße (7) in Traismauer an die Straße über den Seeberg (15) an, führte weiter zum Donauübergang bei Hollenburg, von da über Straß, Zöbing und Schönberg nach Gars-Thunau, wo sie auf den Polansteig (9) traf. Die Straße bekam besondere Bedeutung, als Markgraf Leopold II. um 1075 seine Residenz von Melk nach Gars-Thunau verlegte.

9 POLANSTEIG. Er verlief von Freistadt (Mühlviertel), das an der Salzstraße nach Böhmen lag, über St. Oswald, Weitersfelden, Liebenstein und Liebenau nach Langschlag und Groß-Gerungs. Bei Jahrings mündete der Beheimsteig (12) in den Polansteig, den er nach dem Kampübergang bei Zwettl wieder verließ. Sodann führte der Polansteig über Dietreichs, Thaures, Altpölla und St. Leonhard am Hornerwald nach Gars und weiter über Reinprechtspölla, wo die Böhmstraße (7) überquert wurde, nach Kühnring und Eggenburg.

10 STEINERNER WEG, einer der seltenen befestigten Verkehrswege. Er zweigte bei Weitenegg von der nördlichen Donautalstraße (2) ab und führte über Leiben, Seiterndorf, Pöggstall, Kirchschlag, Ottenschlag, Sallingberg und Obernondorf nach Zwettl, wo auch Polansteig (9) und Beheimsteig (12) zusammenkamen.

11 GRIESSTEIG. Er wird schon in der ersten Hälfte des 12. Jahrhunderts urkundlich genannt. Bei Marbach an der Donau zweigte er von der nördlichen Donautalstraße (2) ab und führte über Rappoltenreith, Neukirchen am Ostrong, Würnsdorf, Martinsberg und Traunstein nach Rappottenstein, wo der Beheimsteig (12) anschloß.

12 BEHEIMSTEIG. Wie der Griessteig (11) wird er schon in der ersten Hälfte des 12. Jahrhunderts urkundlich genannt. Zusammen mit dem Polansteig (9) zählte er zu den bedeutendsten Verkehrswegen im Inneren des Waldviertels. Der Beheimsteig führte vom Ende des Griessteigs bei Rappottenstein vorbei an Jahrings und Zwettl über Wildings, Hörmanns, Windigsteig, Waidhofen an der Thaya, Thaya und Dobersberg in Richtung Prag. Zwischen Jahrings und Zwettl teilte er die Trasse mit dem Polansteig (9).

13 SÜDLICHE DONAUTALSTRASSE. Sie verlief von Enns über Strengberg, Amstetten, Neumarkt, wo die Ybbs überquert wurde, Pöchlarn, Melk, Mautern weiter nach Traismauer, wo sie auf die Seebergstraße (15) traf. In Fortsetzung der Seebergstraße zweigten nach Norden Böhmstraße (7) und Kamptalstraße (8) ab. Bei Tulln zweigte der Pleckete Weg (5) nach Norden ab. Durch das Hagental führte die Straße weiter nach Kierling, Klosterneuburg und Wien, sodann über Fischamend, Petronell und Deutsch-Altenburg nach Hainburg.

14 STRASSE ÜBER DEN SEMMERING. Als Vorläufer bestand wohl schon in der Römerzeit ein Saumpfad über den Semmering. Im Jahre 1158 kam die damals der Steiermark zugehörige Grafschaft Pitten, die das Gebiet der Buckligen Welt umfaßte, in den Besitz der steirischen Otakare. Um die Verbindung seiner neuen Grafschaft mit der Steiermark zu fördern, ließ Otakar III. den Weg über den Semmering zu einer Fahrstraße ausbauen und auf steirischer Seite ein Hospiz errichten, aus dem der Ort Spital am Semmering hervorging. Nach Gründung von Wiener Neustadt wurde die Straße verlegt, die nun von Wien über Wiener Neudorf, Traiskirchen und Sollenau nach Wiener Neustadt führte. Von dort verlief sie über Schwarzau am Steinfelde, Breitenau, Neunkirchen und Schottwien zum Semmering..

15 STRASSE ÜBER DEN SEEBERG. Sie verband das Murtal mit dem Donautal. Von Bruck an der Mur führte sie über Thörl zu ihrem Scheitelpunkt, dem Seeberg, und von hier nach Mariazell, wo in der Mitte des 12. Jahrhunderts vom Kloster St. Lambrecht eine kleine Kirchensiedlung um ein bedeutendes Marien-Heiligtum errichtet wurde, weiter durch das Halltal über das Gscheid nach St. Ägyd am Neuwalde. Nun folgte die Straße der Traisen, vorbei an Hohenberg, Lilienfeld, wo Herzog Leopold VI. 1202 ein Stift gründete, Wilhelmsburg, St. Pölten und Herzogenburg nach Traismauer, wo sie auf die südliche Donautalstraße (13) traf.

Die Hofburg in Wien gegen Ende des 20. Jahrhunderts

Die Nummern der im Folgenden angeführten Bauwerke, Höfe, Plätze und Gärten, Denkmäler, Brunnen und Tore beziehen sich auf den Baualtersplan des Nachsatzblattes.

Bauwerke

1 ALBERTINA. Erbaut 1801 bis 1804 auf der Augustinerbastei unter Einbeziehung eines Palais' aus dem 18. Jahrhundert und von Teilen des Augustinerklosters nach Plänen des Hofbauarchitekten Louis Montoyer für Herzog Albert von Sachsen-Teschen, Gemahl der Erzherzogin Maria Christine, einer Tochter Kaiserin Maria Theresias.

2 ALTE BURG. Vom Babenbergerherzog Leopold VI. um 1220 erbaut als *Neue Burg* zur Unterscheidung von der älteren Herzogsburg *Am Hof*. Unter den Habsburgern mehrfach umgebaut und erweitert. Insbesondere ließ im 16. Jahrhundert Kaiser Ferdinand I. nicht nur die Belagerungsschäden von 1529 beheben, sondern veranlaßte auch die Erweiterung und Ausgestaltung der Burg zu einem Renaissanceschloß, das er zu seinem ständigen Wohnsitz wählte. Weitere größere Veränderungen gehen auf Kaiserin Maria Theresia mit dem Bau von Säulenstiege und Botschafterstiege zurück.

3 AMALIENBURG. Den Bau hat 1575 Kaiser Maximilian II. für seinen ältesten Sohn, den späteren Kaiser Rudolf II. begonnen, der aber in Prag residierte. Nach Fertigstellung Anfang des 17. Jahrhunderts hatte in der ursprünglichen Rudolfsburg Kaiserin Amalia, die Gemahlin Kaiser Josefs I., ihren Witwensitz, deren Namen der Bau heute trägt.

4 AUGUSTINERBASTEI. Angelegt im 16. Jahrhundert. Im Jahre 1869 ließ Kaiser Franz Joseph die dem Albertinaplatz zugekehrten Basteimauern nach Entwurf von Moritz von Löhr als monumentalen Wandbrunnen (Danubiusbrunnen) mit Steinfiguren von Johann Meixner ausgestalten.

5 AUGUSTINERKIRCHE. Baubeginn um 1330, Einweihung 1349; als Baumeister gilt Dietrich Lathner von Pirn. Ab dem 17. Jahrhundert war sie Hofkirche für Festgottesdienste und Trauungen. Im rechten Seitenschiff befindet sich das von Antonio Canova geschaffene, 1805 vollendete Denkmal für Maria Christine, Tochter Kaiserin Maria Theresias.

6 AUGUSTINERKLOSTER. Gegründet 1327, bis zum 18. Jahrhundert baulich erweitert. Darin der Bibliothekssaal des Augustinerkonvents mit einem Deckengemälde von Johann Bergl aus dem 18. Jahrhundert, später als Lesesaal der Hofbibliothek ausgestaltet. Im Augustinerkloster befindet sich die Herzgruft, wo in 54 Urnen die Herzen der Mitglieder des Hauses Habsburg von Kaiser Matthias (gest. 1616) bis Erzherzog Franz Karl (gest. 1878), Vater Kaiser Franz Josephs, beigesetzt sind.

7 AUGUSTINERTRAKT. Errichtet von Nicolaus Pacassi, der auch den Redoutensaaltrakt umbaute. In beiden Fällen glich er die josefsplatzseitige Fassade an die des Prunksaaltraktes an. Die Stirnmauer und Teile der rechten Seitenmauer der Augustinerkirche sind durch den Bau verdeckt.

8 ÄUSSERES BURGTOR. Errichtet 1821 bis 1824 nach Entwurf von Peter Nobile.

9 BURGKAPELLE. Die in der Babenbergerzeit an gleicher Stelle vorhandene Kapelle ließ Kaiser Friedrich III. in den Formen der Gotik vergrößern und weitgehend umgestalten.

10 CORPS DE LOGIS. Im Zuge der Errichtung der Neuen Hofburg entstanden und im Todesjahr Franz Josephs vollendet.

11 CORTYSCHES KAFFEEHAUS. Die halbkreisförmige Anlage wurde 1820–1823 nach Entwurf von Peter Nobile errichtet. Hier konzertierten Josef Lanner und Johann Strauß Vater.

12 FESTSAALTRAKT. Dieser Verbindungsbau zwischen Alter und Neuer Burg wurde Anfang des 20. Jahrhunderts begonnen, aber erst nach dem Ende der Monarchie fertiggestellt. Dem Festsaaltrakt ist der Zeremoniensaal baulich eingegliedert, den der Hofbauarchitekt Louis Montoyer für Kaiser Franz II. (I.) in den Jahren 1802 bis 1806 geschaffen hatte.

13 GARTENVERWALTUNGSTRAKT. Errichtet um 1900.

14 GEORGSKAPELLE. Gestiftet 1330. Darin befindet sich der Prunksarkophag für Kaiser Leopold II. von Franz Anton Zauner.

15 LEOPOLDINISCHER TRAKT. Er wurde 1660 bis 1667 unter Kaiser Leopold I. errichtet, 1668 durch Brand zerstört und nach Wiederaufbau 1681 von Leopold I. endgültig bezogen. In den drei Kellergeschoßen befand sich die Hofweinkellerei.

16 MICHAELERTRAKT. Unter Kaiser Franz Joseph in den Jahren 1889 bis 1893 von Burghauptmann Josef Kirschner errichtet. Die Einfahrtshalle zum Burghof ist von einer hohen Glockenkuppel überwölbt.

17 NEUE BURG. Sie ist die teilweise und abgeänderte Ausführung des Entwurfes von Gottfried Semper für ein Kaiserforum. Bauleiter waren vor allem Karl Hasenauer 1881 bis 1894, Friedrich Ohmann 1899 bis 1906 und ab 1907 Ludwig Baumann, der den Bau im Äußeren bis zum Ersten Weltkrieg vollendete. Hinter der heldenplatzseitigen Fassade liegt die 130 Meter lange Prunkstiege, davor stehen 20 Steinfiguren, die Hauptepochen und Träger der Geschichte Österreichs veranschaulichend (von links nach rechts): Markomanne, römischer Soldat, Bajuware, Glaubensbote, Slave, fränkischer Graf, Magyare, Kreuzfahrer, Seefahrer, Ritter, Magister, Kaufherr, Bürger, Bergmann, Landsknecht, Wallensteinscher Soldat, Pole, Wiener Bürger, befreiter Bauer, Tiroler.

18 PALMENHAUS. An seiner Stelle stand bis zur Wende des 19. Jahrhunderts ein in den Jahren 1823 bis 1826 für Kaiser Franz II. (I.) von Louis von Remy mit Benützung eines Restes der Festungsmauern als Rückwand erbautes Gewächshaus. Im Zuge der Errichtung der Neuen Burg wurde dieses Gewächshaus 1901 abgetragen und in den fol-

genden Jahren nach den Plänen Friedrich Ohmanns durch ein Palmenhaus ersetzt.

19 PRUNKSAALTRAKT. Im Auftrag Kaiser Karls VI. wurde das Gebäude für die Hofbibliothek in den Jahren 1722 bis 1726 nach Plänen Johann Bernhard Fischers von Erlach errichtet. Der Prunksaal, dessen Wand- und Deckengemälde Daniel Gran schuf, enthält eine reich ausgestaltete Büchergalerie, in der vor allem die Bestände der Bibliothek des Prinzen Eugen von Savoyen aufgestellt sind.

20 REDOUTENSAALTRAKT. Die junge tanzfreudige Kaiserin Maria Theresia ließ ein von ihrem Onkel Joseph I. errichtetes Operngebäude zum Großen und Kleinen Redoutensaal umbauen. Im Jahre 1748 fand darin der erste Maskenball statt. Die Angleichung der Fassade an die des Prunksaaltraktes besorgte Nicolaus Pacassi in den Sechzigerjahren des 18. Jahrhunderts.

21 REICHSKANZLEITRAKT. Kaiser Karl VI. ließ den Trakt für die deutschen Reichsbehörden errichten, die darin bis 1806 ihren Sitz hatten. Der Teil gegen die Schauflergasse einschließlich Marschall-, Kaiser- und Batthyanyhof wurde nach den Plänen von Johann Lucas von Hildebrandt 1723 begonnen, der Teil gegen den Burghof von Joseph Emmanuel Fischer von Erlach geplant und 1726 bis 1730 ausgeführt.

22 STALLBURG. Sie wurde unter Kaiser Ferdinand I. Mitte des 16. Jahrhunderts als Residenz für seinen Sohn, den späteren Kaiser Maximilian II. erbaut, der aber in die Alte Hofburg übersiedelte und die Stallburg als Marstall einrichtete.

23 THESEUSTEMPEL. Errichtet 1819 – 1823 nach Entwurf von Peter Nobile als verkleinerte Nachbildung des Theseions in Athen.

24 WINTERREITSCHULE. Im Auftrag von Kaiser Karl VI. wurde sie nach Entwurf Joseph Emmanuel Fischers von Erlach 1729 bis 1735 errichtet. Der das ganze Gebäude erfüllende Reitschulsaal war Schauplatz prunkvoller Reiterspiele und Karussells, aber auch – besonders anläßlich des Wiener Kongresses – von Konzerten und Bällen.

Höfe, Plätze und Gärten

25 AMALIENHOF

26 AUGUSTINERHOF

27 BATTHYANYHOF. Ebenso wie die an diesem Hof liegende Batthyanystiege benannt nach dem Erzieher und späteren Obersthofmeister Josefs II., Feldmarschall Karl Fürst Batthyany.

28 BIBLIOTHEKSHOF

29 BURGGARTEN. Im Unterschied vom Volksgarten wurde er 1817–1819 als privater Hof- oder Kaisergarten angelegt.

30 HELDENPLATZ. An Stelle der Befestigungsanlagen vor der Hofburg wurde er um 1820 als Paradeplatz angelegt. Seit Aufstellung der beiden Reiterdenkmäler führt er den Namen Heldenplatz.

31 IN DER BURG (früher Burghof, auch Franzensplatz genannt). Dieser von Alter Burg, Amalienburg, Leopoldinischem Trakt und Reichs-

kanzleitrakt umschlossene Hof war einst Schauplatz von Turnieren, Militärparaden, Schlittenauffahrten und anderen Festlichkeiten. An der Seite gegen die Alte Burg befindet sich ein gut erhaltener Teil des Burggrabens.

32 JOSEFSPLATZ. Vor der Schaffung von Winter- und Sommerreitschule war er Pferdetummelplatz. Der im 18. Jahrhundert erbaute Prunksaaltrakt bestimmte sein Aussehen. Die folgende Angleichung von Redoutensaal- und Augustinertrakt an den Prunksaaltrakt bewirkte seine einheitliche Gestalt. Er zählt zu den schönsten Plätzen Wiens.

33 KAISERHOF. An diesem Hof liegt die Kaiserstiege, über die Franz Joseph in seine Räume gelangte.

34 KAPELLENHOF. Er ist in der 2. Hälfte des 18. Jahrhunderts durch Überdecken des südöstlichen Teiles des Burggrabens entstanden. In den Hof ragt der Chor der Burgkapelle.

35 KLOSTERHOF. Dieser ehemalige Hof des Augustinerklosters wird teilweise begrenzt von der Georgskapelle. An der Nordseite des Hofes befindet sich eine Sonnenuhr.

36 MARSCHALLHOF. Benannt nach dem Obersthofmarschallamt, das im Reichskanzleitrakt im Bereich dieses Hofes untergebracht war.

37 SCHWEIZERHOF. Der Hof der ältesten Burganlage, seit 1495 gepflastert, ist benannt nach der Schweizergarde, die von Kaiserin Maria Theresia 1758 zur Bewachung eingesetzt wurde.

38 SOMMERREITSCHULE. Sie ist Übungsplatz der Spanischen Reitschule. Im Bereich dieses Hofes befanden sich schon im Mittelalter die besonders unter Kaiser Ferdinand I. gepflegten Lustgärten der Hofburg, deren Funktion später der Burggarten übernahm. An der Südwestseite befindet sich ein noch gut erhaltener Teil des Burggrabens.

39 STALLBURGHOF. Er ist einer der schönsten Renaissancehöfe Wiens, umgeben von Laubengängen in drei Geschossen.

40 VOLKSGARTEN. An Stelle von Befestigungsanlagen aus dem 17. Jahrhundert, die Napoleon I. 1809 sprengen ließ, wurde er nach Plänen von Louis von Remy angelegt und 1823 eröffnet. Im Zuge der Schleifung der Stadtbefestigungen erfolgte seine Umgestaltung und Erweiterung.

Denkmäler, Brunnen und Tore

41 BRUNNEN IN DER AMALIENBURG. Einst in Betrieb stehender Renaissancebrunnen.

42 BRUNNEN IM SCHWEIZERHOF. Der historisch bedeutsamste Brunnen der Hofburg, der früher Kaiserbrunnen hieß. Er wird schon 1458 namentlich erwähnt. Wie alle Brunnen des mittelalterlichen Wien war er ein Schöpfbrunnen, bevor er durch eine Hofwasserleitung versorgt wurde.

43 BRUNNEN IN DER STALLBURG. Der Steinbrunnen mit kunstvollem Schmiedeeisengitter, bezeichnet 1675, befand sich ursprünglich in der Amalienburg.

44 BRUNNEN IM VOLKSGARTEN. Ausgeführt nach einem Modell von Anton Dominik Fernkorn 1866.

45 BRUNNEN IM VOLKSGARTEN, auch Tilgnerbrunnen genannt. Die Bronzegruppe *Triton und Nymphe* hat Viktor Tilgner 1880 geschaffen.

46 DENKMAL FÜR ABRAHAM A SANCTA CLARA. Das Standbild des Hofpredigers (1644–1709) von Hans Schwarthe wurde 1928 aufgestellt.

47 DENKMAL FÜR ERZHERZOG ALBRECHT. Das Reiterstandbild auf der Augustinerbastei von Kaspar Zumbusch wurde 1899 im Beisein des Kaisers feierlich enthüllt.

48 DENKMAL FÜR ERZHERZOG KARL. Das Reiterstandbild aus Bronze von Anton Dominik Fernkorn auf einem von Eduard Van der Nüll entworfenen Sockel wurde 1860 im Beisein des Kaisers feierlich enthüllt.

49 DENKMAL FÜR FRANZ GRILLPARZER. Die Marmorfigur des Dichters von Karl Kundmann steht vor einer Reliefreihe mit Darstellungen aus den Werken Grillparzers von Rudolf Weyr in einer von Karl Hasenauer baulich gestalteten, 1889 enthüllten Anlage.

50 DENKMAL FÜR KAISER FRANZ I. STEPHAN VON LOTHRINGEN. Das Reiterstandbild, 1781 von Balthasar Ferdinand Moll in Bleiguß für das *Paradeisgartl* geschaffen, wurde 1819 in den Burggarten übertragen.

51 DENKMAL FÜR KAISER FRANZ II. (I.). Das Bronzestandbild von Pompeo Marchesi wurde in den Jahren 1842 bis 1846 errichtet.

52 DENKMAL FÜR KAISER FRANZ JOSEPH. Das Bronzestandbild ist die Nachbildung einer Steinplastik von Johannes Benk und befand sich im Stadtpark von Wiener Neustadt, bevor sie 1957 in den Burggarten übertragen wurde.

53 DENKMAL FÜR KAISER JOSEF II. Das Reiterstandbild aus Bronze von Franz Anton Zauner entstand in den Jahren 1795 bis 1807.

54 DENKMAL FÜR KAISERIN ELISABETH. Die Marmorfigur von Hans Bitterlich in einer von Friedrich Ohmann gestalteten Anlage wurde 1907 im Beisein des Kaisers feierlich enthüllt.

55 DENKMAL FÜR PRINZ EUGEN VON SAVOYEN. Das Reiterstandbild aus Bronze von Anton Dominik Fernkorn auf einem von Eduard Van der Nüll entworfenen Sockel wurde 1865 im Beisein des Kaisers feierlich enthüllt.

56 DENKMAL FÜR WOLFGANG AMADEUS MOZART. Das Marmorstandbild von Viktor Tilgner wurde am 21. April 1896 im Beisein des Kaisers auf dem Albrechtsplatz enthüllt und 1953 in den Burggarten übertragen.

57 HERKULES MIT DEM LÖWEN. Die Brunnenfigur aus Blei steht im Teich des Burggartens.

58 JUGENDLICHER ATHLET. Das Bronzestandbild von Josef Müllner mit der Inschrift *Der Kraft und Schönheit unserer Jugend* wurde 1921 errichtet.

59 LÖWELTOR. Benannt nach der Löwelbastei, die der Burg im Bereich dieses Tores vorgelagert war.

60 MICHAELERTOR. Prächtiges schmiedeeisernes Gittertor, flankiert von vier Heraklesgruppen. Es führt unter der Michaelerkuppel in den Burghof.

61 SCHWEIZERTOR. Reich bemaltes Renaissanceportal, datiert 1552 und 1553. Davor befand sich bis ins 18. Jahrhundert eine Zugbrücke, die nachts aufgezogen wurde. Benannt ist das Tor nach der Schweizergarde, die von Kaiserin Maria Theresia zur Bewachung eingesetzt wurde.

Bildnachweis

Foto Richard H. Kastner: 1, 17, 18, 19, 22, 44, 49, 53 (u), 60, 61, 72/73, 105, 109, 110 (u)

Foto Maria Kastner: 2/3, 8/9

Archiv des Verfassers: 24, 29, 50/51, 54, 55, 76, 79, 80, 81, 82, 84, 85, 90, 95, 98, 103, 104, 106, 108, 110 (o und m), 112, 113, 114, 115, 117, 118, 119, 120, 122/123, 124, 125, 126, 127, 128, 129, 136/137

Bildarchiv der Österreichischen Nationalbibliothek: 30, 35, 40, 41, 70, 71, 86, 87, 88, 100, 116, 121, 130 (o), 138 (o), 139

Bundesdenkmalamt Wien: 20, 21, 23, 32, 34, 45, 46, 53 (o), 65, 69 (r), 138 (u)

Albertina: 130 (m und u), 131

Kunsthistorisches Museum Wien: 25, 27, 37, 75, 78, 83, 89, 96, 97, 99, 102, 107, 111

Naturhistorisches Museum, Anthropologische Abteilung: 68, 69 (l)

Österreichische Galerie Belvedere: 67

Wien Museum: 31, 101

Militärakademie Wiener Neustadt: 42, 43

Stift Klosterneuburg: 26, 64

Stift Lilienfeld: 66

Stadtgemeinde Hainburg: 38

Nach Zeichnungen des Verfassers:

4 Stockwerkspläne 132, 133, 134, 135

Übersichtskarte wichtiger Orte und Verkehrswege des Babenbergerlandes auf dem Vorsatzblatt

Baualtersplan: Die Hofburg in Wien gegen Ende des 20. Jahrhunderts auf dem Nachsatzblatt

Die Hofburg in Wien